獨秀文存·通信

陈独秀◎著

首都经济贸易大学出版社
Capital University of Economics and Business Press
·北京·

图书在版编目（CIP）数据

独秀文存．通信/陈独秀著．--北京：首都经济贸易大学出版社，2018.1

ISBN 978-7-5638-2685-8

Ⅰ．①独… Ⅱ．①陈… Ⅲ．①陈独秀（1879-1942）—文集 Ⅳ．①D2-0

中国版本图书馆 CIP 数据核字（2017）第 203457 号

独秀文存·通信
陈独秀 著
Duxiu Wencun Tongxin

责任编辑	彭伽佳
封面设计	砚祥志远·激光照排 TEL：010-65976003
出版发行	首都经济贸易大学出版社
地　　址	北京市朝阳区红庙（邮编 100026）
电　　话	（010）65976483　65065761　65071505（传真）
网　　址	http://www.sjmcb.com
E-mail	publish@cueb.edu.cn
经　　销	全国新华书店
照　　排	北京砚祥志远激光照排技术有限公司
印　　刷	唐山玺诚印务有限公司
开　　本	710 毫米×1000 毫米　1/16
字　　数	255 千字
印　　张	14.5
版　　次	2018 年 1 月第 1 版　2023 年 3 月第 1 版第 3 次印刷
书　　号	ISBN 978-7-5638-2685-8/D·182 ISBN 978-7-5638-2684-1（全四册）
定　　价	79.00 元

獨秀文存
四
獨秀文存
三
獨秀文存
二
獨秀文存
一

二十五年前，我在上海警鐘報社服務的時候，知道陳仲甫君。那時候，我們所做的，都是表面普及常識，暗中鼓吹革命的工作。我所最不能忘的，是陳君在蕪湖，与同志數人合辦一種白話報，他人逐漸的因不耐苦而脫離了，陳君獨力支持了幾个月，我很佩服他的毅力与責任心。後來陳君往日本，我往歐洲，多年不相聞問。直到民國六年，我任北京大學校長，与湯君爾和商及文科學長人選，湯君推陳獨秀，說獨秀即仲甫，並以新青年十餘本示我。我問明陳君住址，就到前门外某旅館訪他，他答應相助。陳君任北大文科學長後，与沈尹默、錢玄同、劉半農、周啓民諸君甚相得，後來又聘到已在新青年發表過文學革命通訊的胡適之君，益復興高彩烈，漸漸就引起新文化的運動來。

後來陳君離了北京，我們兩人見面的機會就很少；我記得的共有十五年冬季在亞東圖書館与今年在看守所的兩次。他所作的文，我也很難得讀到了。

這部文存，所存的都是陳君在新青年上發表過

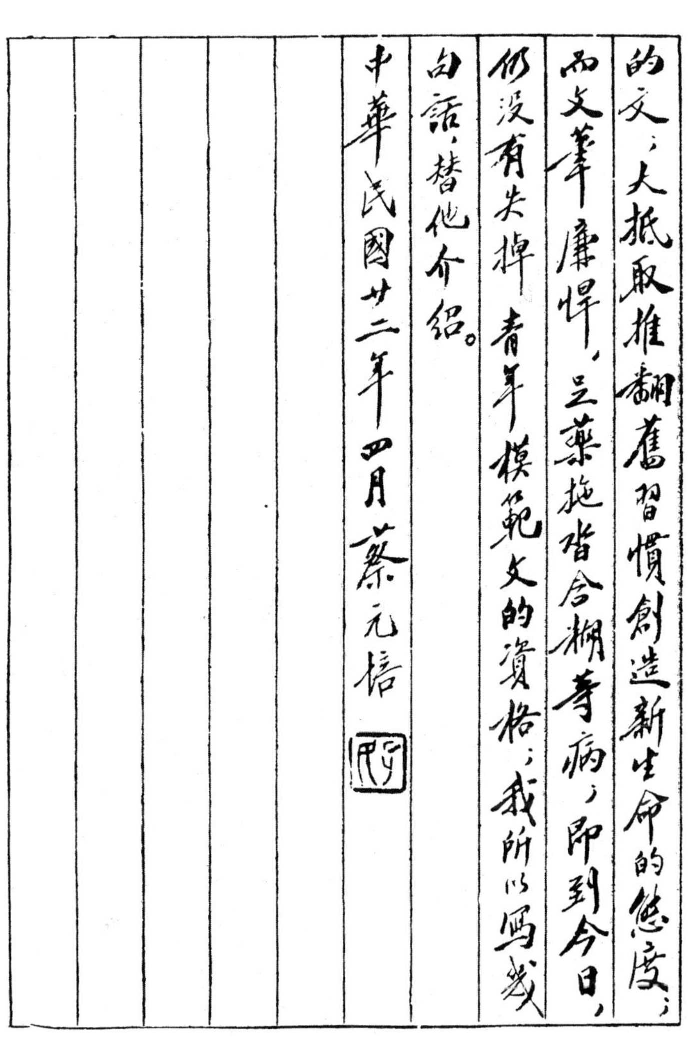

的文；大抵取推翻舊習慣創造新生命的態度；而文筆廉悍，足藥拖沓含糊等病；即到今日，仍沒有失掉青年模範文的資格；我所以寫幾句話，替他介紹。

中華民國廿二年四月蔡元培

序

二十五年前，我在上海《警钟报》社服务的时候，知道陈仲甫君。那时候我们所做的，都是表面普及常识，暗中鼓吹革命的工作。我所最不能忘的，是陈君在芜湖，与同志数人合办一种白话报，他人逐渐的[①]因不耐苦而脱离了，陈君独立支持了几个月；我狠[②]佩服他的毅力与责任心。

后来陈君往日本，我往欧洲，多年不相闻问。直到民国六年，我任北京大学校长，与汤君尔和商及文科学长人选，汤君推陈独秀，说独秀即仲甫，并以《新青年》十余本示我。我问明陈君住址，就到前门外某旅馆访他，他答应相助。陈君任北大文科学长后，与沈尹默、钱玄同、刘半农、周启民诸君甚相得，后来又聘到在《新青年》发表过文学革命通讯的胡适之君，益复兴高彩烈[③]，渐渐儿引起新文化的运动来。

后来陈君离了北京，我们两人见面的机会就狠少；我记得的就止有十五年冬季在亚东图书馆与今年在看守所的两次。他所作的文，我也狠难得读到了。

这部《文存》所存的，都是陈君在《新青年》上发表过的文，大抵取推翻旧习惯、创造新生命的态度，而文章廉悍，足药拖沓、含糊等病；即到今日，仍没有失掉青年模范的资格。我所以写几句话，替他介绍。

中华民国廿二年四月　蔡元培

---

① 当时用法，今作“地”。

② 旧同“很”。本篇下文同。

③ 今作“兴高采烈”。

自　序

亚东主人将我近几年来所做的文章印行了。我这几十篇文章，原没有什么文学的价值，也没有古人所谓著书传世的价值。但是如今出版界的意思，只要于读者有点益处，有印行的价值便印行，不一定要是传世的作品；著书人的意思，只要有点心得或有点意见贡献于现社会，便可以印行；至于著书传世藏之名山以待后人这种昏乱思想，渐渐变成过去的笑话了。我这几十篇文章，不但不是文学的作品，而且没有什么有系统的论证，不过直述我的种种直觉罢了；但都是我的直觉，把我自己心里要说的话痛痛快快的[①]说将出来，不曾剿袭[②]人家的说话，也没有无病而呻的说话，在这一点，或者有出版的价值。在这几十篇文章中，有许多不同的论旨，就此可以看出文学是社会思想变迁底[③]产物，在这一点，也或者有出版的价值。既有出版的价值，便应该出版，便不必说什么“徒灾梨枣”等客套话。

一九二二年八月，独秀自序于上海

① 当时用法，今作“地”。
② 同“抄袭”。
③ 旧同“的”。

答李大槐（佛教）

（一）原　书

记者足下：

自杨仁山辈提倡佛法，康有为、梁启超等复从而赞美之。梁启超主《新民丛报》时，作康德学说，谓康氏说理，多同佛法。章太炎先生亦云德国哲学者多致力佛法。刻读大志，见独秀君所著文章，均非难佛法，走甚惑焉。深幸有以教之。佛法果为至精深之哲学否耶？再者，近日邪说横行，妖气充塞，青年学子茫茫然如坠入大海。盼诸君子正言谠论，务使未来之主人翁勿为一班寡廉鲜耻之士大夫所迷惑，而丧其高尚之思想，失其高尚之人格，幸甚。馀不白。

李大槐上

（二）答　书

大槐先生：

恪诵来教，启我良多。佛法为广大精深之哲学，愚所素信不疑者也。第以为人类进化犹在中途，未敢驰想未来以薄现在，亦犹之不敢厚古以非今，故于世界一切宗教，悉怀尊敬之心。若夫迷信一端，谓为圆满，不容置议，窒思想之自由，阻人类之进化，则期期以为未可。杨、康、章、梁诸先生皆吾辈之先觉，然吾辈之信仰不求诸自心之真知灼见，一一盲从诸先生所云，甚非吾辈所以尊诸先生为先觉之意也。

愚之非难佛法，有精粗二义。精者何？见所为《绛纱记叙》。而某君颇不以鄙见为然（见十号《甲寅通讯》），其言有云：“大意谓生灭由无明，然无明果自何来？世之致疑者，自昔有之矣，从未有为圆满解答者。此何以故？不可解答故。今仆所申说，亦但申说此不可解答。”夫以不可解答之理而复事申说，下愚不解，当为识者所恕。又有以信解行证之说解予惑者。愚以为今世之人，无不欲解在信先，未解而信，其为迷信与否不可知也。粗者何？略见本志（《新青年》）一卷二号论文。吾国旧说，最尊莫如孔、老。一则崇封建之礼教，尚谦让以弱民性；一则以雌退柔弱为教，不为天下先。吾民冒险敢为之风，于焉以斩。

魏、晋以还，佛法流入，生事日毁，民性益偷，由厌世而灰心，由灰心而消极，由消极而堕落腐败，一切向上有为字曰妄想，出世无期而世法大坏。无政府党人所否认者，政府而已。世人骇为怪异，不敢与近。佛徒取世界有为法一切否认之，其何以率民成教？其弊一也。

好言护法，不惜献媚贵人，以宏教大业，求诸天下万恶之魁，如尊武则天为菩萨化身之类，古今不乏其人。太炎先生尝谓佛徒妄诋程、朱，而程、朱决不苟称当王之德齐诸孔、孟，可谓知言也矣。今之人心堕落，强半由灰心偷惰而来。人无爱群向上之心，故不恤倒行逆施，以取富贵。尊函所谓妖气充塞，一班寡廉鲜耻之士大夫，奉佛宏法若钱谦益者，不且有皇皇大文昭告海内乎？即号为大师而不腐败堕落者，去不薄世法之月霞师外，兹世曾有几人？此其弊又一也。

此事说来甚长，虽万言不能尽。愚于此问题，尚不欲多论。兹因足下之问，略道梗概而已。倘不当尊意，尚望再示，以发愚昧。不尽欲言。

独秀

一九一五，十一，十五

答张永言（文学—人口）

（一）原　书

记者足下：

承示我国文艺，尚在古典主义、理想主义时代，以后方始入于写实主义之境，去西人所处，只得其半，文化粗迟，至可骇也。惟写实主义与自然主义之界别，仆尚未能十分明了，幸于次期列举例证，以开蒙昧。所谓古典主义，是否如我国文字，言则必称先王，或如骈丽①文中，征引古事，用为比譬？所谓理想主义，是否如我国文中，动则以至仁极义之语相责难，而冀世所必无之事？此两义仆之想像以为如是，究竟是否，尚乞教之。

《东西民族根本观念之差异》篇中，言西人“亲不责子以权利，遂亦不重视育子之义务，避妊之法，风行欧洲”云云，读之甚生疑虑。盖东洋民族，以有子为人生唯一之职务，其偏僻诚可笑，然若如西洋避妊之风日甚，其结果又将如何耶？国家主义，未达衰度，人多者似有一日之长，生殖不繁，国力必缩，避妊之妇，体亦日衰，展转相传，强质愈失，即求幸福，又安可得？贵志之文，似有扬西抑东之意。如此等处，恐尚须斟酌商量也。

张永言白

① 今作“骈俪”。

（二）答 书

永言先生：

欧文中古典主义，乃模拟古代文体，语必典雅，援引希腊、罗马神话，以眩[1]赡富，堆砌成篇，了无真意。吾国之文，举有此病，骈文尤尔。诗人拟古，画家仿古，亦复如此。理想之义，视此较有活气，不为古人所囿。然或悬拟人格，或描写神圣，脱离现实，梦入想像之黄金世界。写实主义、自然主义乃与自然科学、实证哲学同时进步，此乃人类思想由虚入实之一贯精神也。

自然主义尤趋现实，始于左喇时代，最近数十年来事耳。虽极淫鄙，亦所不讳，意在彻底暴露人生之真相，视写实主义更进一步。欧洲人或讥以破坏美术、文艺之基础。自东洋人之眼观之，益属狂悖无伦。此日本政府所以明令禁止自然主义之文学之输入也。然于裸体绘画与雕塑均不之禁，以其属于写实主义，而非自然主义也。

尊论谓“国家主义，未达衰度，人多者似有一日之长，生殖不繁，国力必缩”，此义殊尚欠斟酌也。盖国之强弱，当以其国民之智勇富力为衡，岂在人口之多寡？且比较各国人口之多寡，匪独以人数为标准，当合人口与土地而比例之以为标准。譬如吾国人口总数远出法、德之上，而以每方里容人之数计之，则吾国立见地广人稀之象。足下所谓人多者，倘暗指拥有四万万人之吾国，当自失其一日之长。然国力伸缩，与其谓之以人口多寡为衡，宁谓之以有无人患为衡。所谓有无人患者，亦非以人数多寡为标准，乃以生产额能否教养此人数为标准。生产超乎人数者，则人口愈多，而国力愈伸；人数超乎生产者，则人口愈多，而国力愈缩。生寡食众，此吾国所以有人满之患。非真人满也，人数超乎生产额，而教养无赀也。

---

① 原文如此。今作“炫”。

欧人避妊之风是否害及国力，吾人且措而不论。若夫吾之国力不伸，日益贫弱，正坐生殖过繁、超出生产之弊。长此不悟，必赴绝境。足下所虑，适得其反。西妇避妊，非必服药，未见其有伤体育也。东西文化相距尚远，兼程以进，犹属望尘，慎勿以抑扬过当为虑。

独秀

一九一六，二，十五

答汪叔潜（政党政治）

（一）原　书

独秀先生左右：

国事前途唯一之希望，厥惟政党。吾民政党之观念，极为薄弱。吾人方提倡之不暇，乃先生于一九一六年之论文中——见正月号《新青年》——将政党政治轻轻一笔抹杀。夫抹杀政党政治，原非抹杀政党，然当此政党观念仅仅萌芽之时，吾愿贤者慎勿稍持此种论调，致读者之以词害意也。

且即就政党政治而论，初亦何尝可以抹杀哉？先生之言曰："政党政治，将随一九一五年为过去之长物，且不适用于今日之中国。"又曰："纯全政党政治，惟一见于英伦，今且不保。"愚诚不审此语何所根据。

英之现今内阁，诚哉已非政党内阁，然此为其政治上之变例，未可据以论断。彼当组织联合内阁之始，首相爱斯葵斯与在野党领首兰斯顿侯均有极沉痛之宣言。一则曰："吾人所以忍痛而悍然为此者，当兹战争紧急之秋，欲求过此难关，实有不得已之苦衷耳。"再则曰："联合内阁，只以战事为期，吾人之政见，决不抛弃，不过暂行停止耳。"然则彼之所以违背惯例，改组联合内阁，原出于一时权宜之计，不过于政党政治求一变通办法，并非于政党政治根本推翻。欧战终局以后，政党政治必仍恢复于英伦，殆可断言。岂独英伦？苟凡励行宪政之国家，则其国之政党，亦必日以发达。苟其政党完全发达，则所谓政党政治必不让英专美。

政党政治者，立宪政治之极轨也。今之并世各国，凡犹未以政党政治称者，皆学焉而未至者也；否则有特别情形者也；否则其国之政治初未上宪政之轨道者也。试观日本。日本之政治，官僚政治也。然比来政党之活动，较之前此数年已大进步。安知后此数年，不脱离官僚政治而进于政党政治耶？且日本官僚政治，今犹存在者，亦缘其官僚之知识能力足与时势相应。反以观之吾国，则最昧于大势，最缺乏常识者，莫官僚社会若。以官僚社会与所谓政客者较，其智识之相差，殆不可以道里计。吾国苟有改革政治之机会，则将来政权之所趋，其必成为英国式之政党政治，而非复日本式之官僚政治，又可断言者也。是故今日惟望国中贤杰之士以及多数青年，勿再空抱高尚之理想，而群热心于政治，以期养成一二健全之政党，则国事前途庶其有豸。夫惟具此信仰，故对于先生论调与此抵触者，若骨在喉，必吐之而后快。

抑愚尤有进者。二十世纪之民族，独立精神与团体精神并行不悖者也。团体精神之最大者，则若国家主义，团体精神之散见于各方面者，则党派是已。党派之纯粹以公共利害为基础者，则若政党。党派之以一部分利害为基础者，则若工商以及凡百职业，亦莫不各有其党。原夫党之所以成，盖由人之主观各有不同，人之阶级地位亦各有不同。其始也，诚有如墨子所谓一人一义、十人十义者。既而见夫一人或少数人之主张，不足以与人争胜也，于是求友求助之心油然而生。人人互欲求友求助，于是党之形成矣。此所谓团体精神也。团体精神，即独立精神之发展者也。

先生之言曰："今后青年，宜从事国民运动，勿囿于党派运动。"愚则以为国民运动与党派运动，盖一而二、二而一者也。国民运动之迹不可见，即见之于党派；凡党派之运动，即国民之运动也。居今之时，苟其犹为独行踽踽之人，必其为最无思想之人也。苟其人而欲有所运动，虽欲与党派不生关系，不可得也。

《青年杂志》者，精神教育之杂志也。凡先生之所为文，固极力提倡时代精神者也。团体精神，亦时代精神之一。愚愿先生之于此三致意也。当否惟裁择之，幸甚，幸甚。

汪叔潜白

（二）答 书

叔潜先生：

恪诵大教，惠我良多。第鄙见国民运动与政党运动，广狭迥殊，确有不同之点。其理由不可殚述。就其浅显者言之：近世国家无不建筑于多数国民总意之上，各党策略非其比也。盖国家组织，著其文于宪法，乃国民总意之表征。于此等根本问题，倘有异见，势难并立。过此以往，始有政见之殊、阶级之别，各树其党。即政党成立以后，党见舆论，亦未可始终视为一物。党见乃舆论之一部分而非全体，党见乃舆论之发展而非究竟。从舆论以行庶政，为立宪政治之精神。蔑此精神，则政乃苛政，党乃私党也。欧、美立宪国之不若英伦以政党政治称者，以其政党不若英伦两大政党均得国民之半数也。谓其政党不进化则可，谓其政治不进化，且斥以未上宪政轨道，恐非确论。

宪政实施有二要素：一曰庶政公诸舆论，一曰人民尊重自由。否则虽由优秀政党掌握政权，号称政党政治则可，号称立宪政治则犹未可。以其与多数国民无交涉也。

《青年杂志》以青年教育为的，每期国人以根本之觉悟，故欲于今日求而未得之政党政治，百尺竿头，更进一步。若夫腐败无耻之官僚政治，益所鄙弃，何待讨论？前文未达，予读者以误会，资官僚以口实，殊非立论之旨，得尊函纠正之，敢不拜嘉！

独秀谨复

答胡适之（文学革命）

（一）原书

独秀先生足下：

二月三日，曾有一书奉寄，附所译《决斗》一稿，想已达览。久未见《青年》，不知尚继续出版否？今日偶翻阅旧寄之贵报，重读足下所论文学变迁之说，颇有鄙见，欲就大雅质正之。足下之言曰："吾国文艺犹在古典主义、理想主义时代，今后当趋向写实主义。"此言是也。然贵报三号登某君长律一首，附有记者按语，推为"希世之音"。又曰："子云、相如而后，仅见斯篇；虽工部亦只有此工力，无此佳丽。……吾国人伟大精神，犹未丧失也欤？于此征之。"细检某君此诗，至少凡用古典套语一百事。……中如"温瞩延犀烬（此句若无误字，即为不通），刘招杳桂英"、"不堪追素孔，只是怯黔嬴"（下句更不通）、"义皆攀尾柱，泣为下苏坑"、"陈气豪湖海，邹谈必裨瀛"，在律诗中，皆为下下之句。又如"下催桑海变，西接杞天倾"，上句用典已不当，下句本言高与天接之意，而用杞人忧天坠一典，不但不切，在文学法上亦不通也。至于"阮籍曾埋照，长沮亦耦耕"，则更不通矣。夫《论语》记长沮、桀溺同耕，故曰"耦耕"，今一人岂可谓之"耦"耶？此种诗在排律中，但可称下驷。稍读元、白、柳、刘（禹锡）之长律者，皆将谓贵报案语之为厚诬工部而过誉某君也。适所以不能已于言者，正以足下论文学已知古典主义之当废，而独啧啧称誉此古典主义之诗，窃谓足下难免自相矛盾之诮矣。

适尝谓凡人用典或用陈套语者，大抵皆因自己无才力，不能自铸新辞，故用古典套语，转一湾[①]子，含糊过去，其避难趋易，最可鄙薄！在古大家集中，其最可传之作，皆其最不用典者也。老杜《北征》何等工力！然全篇不用一典（其“不闻殷周衰，中自诛褒妲”二语乃比拟，非用典也）。其《石壕》《羌村》诸诗亦然。韩退之诗亦不用典。白香山《琵琶行》，全篇不用一典。《长恨歌》更长矣，仅用“倾国”“小玉”“双成”三典而已。律诗之佳者，亦不用典。堂皇莫如“云移雉尾开宫扇，日映龙鳞识圣颜”，宛转莫如“岂谓尽烦回纥马，翻然远救朔方兵”，纤丽莫如“梦为远别啼难唤，书被催成墨未浓”，悲壮莫如“永夜角声悲自语，中天月色好谁看！”然其好处，岂在用典哉？（又如老杜《闻官军收河南河北》一首，更可玩味。）总之，以用典见长之诗，决无可传之价值。虽工亦不值钱，况其不工，但求押韵者乎？

尝谓今日文学之腐败极矣：其下焉者，能押韵而已矣；稍进，如南社诸人，夸而无实，滥而不精，浮夸淫琐，几无足称者（南社中间亦有佳作。此所讥评，就其大概言之耳）；更进，如樊樊山、陈伯严、郑苏盦之流，视南社为高矣，然其诗皆规摹古人，以能神似某人某人为至高目的，极其所至，亦不过为文学界添几件赝鼎耳，文学云乎哉！

综观文学堕落之因，盖可以“文胜质”一语包之。文胜质者，有形式而无精神，貌似而神亏之谓也。欲救此文胜质之弊，当注重言中之意，文中之质，躯壳内之精神。古人曰：“言之不文，行之不远。”应之曰：若言之无物，又何用文为乎？

年来思虑观察所得，以为今日欲言文学革命，须从八事入手。八事者何？

一曰，不用典。

二曰，不用陈套语。

三曰，不讲对仗。（文当废骈，诗当废律。）

---

① 今作“弯”。

四曰，不避俗字俗语。（不嫌以白话作诗词。）

五曰，须讲求文法之结构。

此皆形式上之革命也。

六曰，不作无病之呻吟。

七曰，不摹仿古人，语语须有个我在。

八曰，须言之有物。

此皆精神上之革命也。

此八事略具要领而已。其详细节目，非一书所能尽，当俟诸他日再为足下详言之。

以上所言，或有过激之处，然心所谓是，不敢不言。倘蒙揭之贵报，或可供当世人士之讨论。此一问题关系甚大，当有直言不讳之讨论，始可定是非。适以足下洞晓世界文学之趋势，又有文学改革之宏愿，故敢贡其一得之愚。伏乞恕其狂妄而赐以论断，则幸甚矣。匆匆不尽欲言。

即祝

撰安。

胡适白

民国五年十月

（二）答书

适之先生：

拜诵惠书，敬悉一一。以提倡写实主义之杂志，而录古典主义之诗，一经足下指斥，曷胜惭感！惟今之文艺界写实作品，以仆寡闻，实未尝获观。本志文艺栏，罕录国人自作之诗文，即职此故。不得已偶录一二诗，乃以其为写景叙情之作，非同无病而呻。其所以盛称谢诗者，谓其继迹古人，非谓其专美来者。若以西洋文学眼光，批评工部及元、白、柳、刘诸人之作，即不必吹毛求疵，其拙劣不通之处，又焉能免？望足下平心察之，实非仆厚诬古人也。

承示文学革命八事，除五、八二项，其余六事，仆无不合十赞叹，以为今日中国文界之雷音。倘能详其理由，指陈得失，衍为一文，以告当世，其业尤盛。

第五项所谓文法之结构者，不知足下所谓文法将何所指？仆意中国文字，非合音、无语尾变化，强律以西洋之 Grammar，未免画蛇添足。（日本国语，乃合音。惟只动词、形容词有语尾变化，其他种词亦强袭西洋文法。颇称附会无实用。况中国文乎？）若谓为章法语势之结构，汉文亦自有之。此当属诸修辞学，非普通文法。且文学之文，与应用之文不同，上未可律以论理学，下未可律以普通文法。其必不可忽视者，修辞学耳。质之足下，以为如何？

尊示第八项“须言之有物”一语，仆不甚解。或者足下非古典主义，而不非理想主义乎？鄙意欲救国文浮夸空泛之弊，只第六项“不作无病之呻吟”一语足矣。若专求“言之有物”，其流弊将毋同于“文以载道”之说？以文学为手段为器械，必附他物以生存。窃以为文学之作品，与应用文字作用不同。其美感与伎俩，所谓文学、美术自身独立存在之价值，是否可以轻轻抹杀，岂无研究之余地？况乎自然派文学，义在如实描写社会，不许别有寄托，自堕理障。盖写实主义之与理想主义不同也以此。

以上二事，尚望足下有以教之。海内外讲求改革中国文学诸君子，倘能发为宏议，以资公同[①]讨论，敢不洗耳静听。若来书所谓加以论断，以仆不学无文，何敢，何敢！

独秀谨复

一九一六，一〇，一

① 今作“共同”。

答常乃悳（古文与孔教）

（一）原 书

独秀先生座右：

前从友人处假得《新青年》二卷一、二两号读之，伟论精言，发人深省。当举世混浊之秋，而有此棒喝，诚一剂清凉散也！惟仆于二号通信中，胡适君论改革文学一书，窃有疑义，愿为先生及胡君陈之，乞裁正焉。

胡君所陈改革八事，除（五）（八）二项先生已论及外，其余若（二）（六）两项，仆极端赞成，亦无庸赘言，惟（一）（三）（四）（七）各项，咸有一二疑义，不敢自默也。

吾国于文学著作，通称文章。文者，对质而言；章者，经纬相交之谓：则其命名之含有美术意义可知。夷考上古文之一字，实专指美术之文而言。其他若说理之文谓之经，纪事之文谓之史，各有专称，不相混淆。降至汉、晋，相沿勿衰。故观江都、龙门诸子所为纪事说理之文，要皆锡以专名。而如《文选》所载，虽多浮艳之词，实文之正体也。自韩退之氏志欲标异，乃创为古文之名。后人推波助澜，复标文以载道之说，一若除说理之文而外，即不得谓之文者，摧残美术思想，莫此为甚！胡先生以古文之敝[1]，而倡改革说，是也；若因改革之故，而并废骈体，及禁用古典，则期期以为不可。

夫文体各别，其用不同。美术之文，虽无直接之用，然其陶铸高尚之理想，引起美感之兴趣，亦何可少者？譬如高文典册，颂功扬德之文，以骈佳乎？抑以散佳乎？此可一言决矣。仆以为改革文学，使应于世界之潮流，在今日诚不可缓。然改革云者，首当严判文史之界（今假定非美术之文，命之曰史），一面改革史学，使趋于实用之途，一面改良文学，使卓然成为一种完全之美术，不更佳乎？若六朝之敝，非因骈体，实用骈而无法以部勒之敝也。譬如衣木偶以华衣，华衣累木偶乎？木偶累华衣乎？今若取古文之法以御骈文，斯可矣。

尝观今之老师宿儒，动倡保存国粹之论。其所谓国粹者，乃指道德学说而言。然愚以为道德学说，乃世界之公物，非一国所得私有，即不得目为国粹。真正之国粹，正当于此等处求之。吾国之骈文，实世界唯一最优美之文（他国文学，断无有能于字数、音节、意义三者对整而无参差者），而非可以漫然抛弃者也。至专以古典填涂，而全无真义御之，如近世浮薄诗家所为，固在必革之列。然若因此而尽屏古典，似不免矫枉过正。诗文之用古典，如服装之御珍品，偶尔点缀，未尝不可助兴，但不可如贫儿暴富，着珍珠衣过市已耳。若用俗字入文一项，愚意此后文学改良，说理纪事之文，必当以白话行之，但不可施于美术之文耳。

忆某报文艺话中曾有一则，谓白话小说不如韵文能写高尚之情。即如京戏谱，可谓鄙俚，然其词句亦有非白话所可代替者。如“走青山，望白云，家乡何在”一语，写思家之情，断非白话所能形容云云。愚谓他日白话体进步，此种语情未必不可表出。但今日之白话，则非其伦耳。

为今之计，欲改革文学，莫若提倡文史分途，以文言表美术之文，以

---

① 今作“弊”。本篇下文同。另本篇中“敝”“弊”二字并用，为保持原书风貌，均从原书。

白话表实用之文，则可不致互相牵掣矣。且白话作文，亦可免吾国文言异致之弊，于通俗教育大有关系，较之乞灵罗马字母者，似亦稍胜也。

诗文须有真性情，独标我见，不相依傍，自是作文要诀。然此第于平日之蓄养致力可耳，若于执笔作文之际乃怀不落窠臼之见，此与所谓文以载道之习气实无以异。诚恐人见虽除，而支离之弊又起也。未审然否？

悳年未及冠，智识非所敢言，惟愿以其不完全之理想议论，敬乞长者为之完成之耳。或亦先生之所许乎？

再观先生驳康南海书一文，亦有愚见，略陈左右。先生之驳康书是也，独其中有“孔教与帝制有不可离散之因缘”一语，未审所谓孔教云者，指汉、宋儒者以及今之号为孔教、孔道诸会所依傍之孔教云乎？抑指真正孔子之教云乎？（教者教训，非宗教也。）如指其前者，则仆可以无言；如指其后者，则窃以为过矣。

孔子之教，一坏于李斯，再坏于叔孙通，三坏于刘歆，四坏于韩愈。至于唐、宋之交，孔子之真训，遂无几微存于世矣。所可考见者，惟其一生之行迹耳。然亦经伪儒之涂附，而令人迷所选择。孔子一生历干七十二君，岂忠于一主者乎？公山、佛肸皆欲应召，岂拘泥叛名者乎？其所以扶君权者，以当时诸侯陪臣互争政柄，致成众人专制之象，犹不若一人专制之为愈也。所以尊周室者，以当时收拾时局，在定于一，而周室于理最顺故也。岂忠于周哉？孟子以继孔自命，而独不倡尊周，且大张民权之说，斯可知矣。

又文中引《论语》“民可使由”及“天下有道”二节，似有不慊于原文者。仆以为所谓天下有道，则庶人不议云者，谓无可议也，非如近世民贼独夫之钳制舆论也。代议政治，本非郅治极轨，则孔子之言，亦未可非也。至“民可使由之，不可使知之”一节，则纯系对于当时立论，非可范围后世。且平心论之，今世学者，竞言民权矣，其实言民权毋宁言士权之为愈。必欲于今世求可言民权之国，惟德意志其或庶几（以其国民皆士也）。若其他诸国，则远逊矣。若于吾国，则所谓民权者，亦等于专制之称天而已。而不然者，试以吾国之国政，尽公诸四万万人，而求所谓大多数之民意者，诚恐蓄发辫、用旧历、废学校、复拜跪诸政将继续而颁行矣。然则苟非世界大同，人尽圣哲，民权未易言也。孔子之言，又何可非哉？

北京高等师范预科生晋后学常乃悳上言

（二）答　书

乃悳先生：

章实斋分别文史，诚为卓见；然此为著作体裁而言。足下欲径称说理纪事之应用文为史，此名将何以行之哉？足下意在分别文学之文与应用之文作用不同，与鄙见相合。惟鄙意固不承认文以载道之说，而以为文学美文之为美，却不在骈体与用典也。结构之佳，择词之丽（即俗语亦丽，非必骈与典也），文气之清新，表情之真切而动人：此四者，其为文学美文之要素乎？应用之文，以理为主；文学之文，以情为主。骈文用典，每易束缚情性，牵强失真。六朝之文美则美矣，即犯此病。后人再踵为之，将日惟神话妄言是务，文学之天才与性情必因以汩没也。又如足下所谓高文典册颂功扬德之文，二十世纪之世界，其或可以已乎？行文偶尔用典，本不必遮禁。胡君所云，乃为世之有意用典者发愤而道耳。

足下对于孔教观念，略同顾实君。鄙意以为佛、耶二教，后师所说，虽与原始教主不必尽同，且较为完美繁琐；而根本教义，则与原始教主之说不殊。如佛之无生，耶之一神创造是也。其功罪皆应归之原始教主圣人。后之继者，决非向壁虚造，自无而之有。孔子之道亦复如是。足下分汉、宋儒者以及今之孔教、孔道诸会之孔教，与真正孔子之教为二，且谓孔教为后人所坏。愚今所欲问者：汉、唐以来诸儒，何以不依傍道、法、杨、墨，人亦不以道、法、杨、墨称之？何以独与孔子为缘而复败坏之也？足下可深思其故矣。

愚于来书所云，发见一最大矛盾之点，即是足下一面既不信孔教与帝制有不可离散之因缘，意谓后人所攻者，皆李、刘、叔孙、韩愈所败坏之孔教，真正孔教非主张帝王专制者也；一面又称孔子扶君权，尚一人专制；又谓代议政治，非郅治极轨，民权未易言，孔子之言未可非。由足下之言，更明白证实孔子主张君主专制（无论孔子主张君主专制，为依时立论与否，吾辈讲学，不可于其学说实质以外，别下定义），较之李斯、叔孙通、刘歆、韩愈，树义尤坚矣。

足下所谓孔教坏于李斯、叔孙通、刘歆、韩愈者，不知所指何事？含混言之，不足以服古人。足下能指示一二事为刘、李、叔孙通、韩愈之创说，而不发源于孔、孟者乎？今之尊孔者，多丑诋宋儒，犹之足下谓孔教为后人所坏。不知宋儒中朱子学行不在孔子之下，俗人只以尊古而抑之耳。孔门文史，由汉儒传之。孔门伦理道德，由宋儒传之。此事彰著，不可谓诬。谓汉、宋之人独尊儒家，墨、法、名、农诸家皆废，遂至败坏中国则可，谓汉、宋伪儒败坏孔教则不可也。足下谓孔子一生历干七十二君，非忠于一主。愚则以为可惜者，孔子所干有七十二君而无一民也。足下揣测孔子之意，以为众人专制不若一人专制。窃以众之与专，为绝对相反之形容词。既为众人，何云专制？此亦甚所不解者也。

足下又谓“天下有道，庶人不议”云者，无可议也，非钳制舆论。此语尤觉武断。上古有道之世，果一无可议如足下所想像者乎？古代政治，果善于欧、美近代国家乎？古代文明进化，果优于二十世纪而完全无缺乎？不然，何得谓之无可议耶？〔吴稚晖先生有言，成周三代曾隆，汉唐之治曾盛，所谓满清[①]康熙乾隆朝曾极治者，而其所留遗人间之幸福，即以洛阳长安北京之街道而言，天晴一香炉，下雨一酱缸而已。使吾民拖泥带水，臭秽郁蒸之气，数千年祖祖宗宗鼻管亲尝而已（见十一月八日《中

① 原文如此。为特定历史时期的旧用法，今已不再使用此称法。

华新报》)。此可为天下有道之写真。]

且足下不观庶人不议之上文乎?孔子意在独尊天子,庶人无权议政,亦犹之诸侯无权征伐。合观全文,宁有疑义?足下又谓“民可使由之,不可使知之”一节,乃对当时立论,非可范围后世。夫学者、政治家非预言者,对时立论,何独孔子一人?正以其立论不能范围后世,则后世亦不能复尊之耳。

愚尚有一言正告足下及与足下同一感想之人,曰:“吾人宁取共和民政之乱,而不取王者仁政之治。盖以共和民政为自动的自治的政制,导吾人于主人地位,于能力伸展之途,由乱而治者也。王者仁政为他动的被治的政制,导吾人于奴隶地位,于能力萎缩之途,由治而乱者也。倘明此义,一切旧货骨董自然由脑中搬出,让自由新思想以空间之位置、时间之生命也。尊见如何,尚希续教。

独秀

一九一六,十二,一

答吴又陵（孔教）

（一）原　书

独秀先生足下：

读贵报《孔子平议》，谓自王充、李卓吾数君外，多抱孔子万能思想。不佞丙午游东京，曾有数诗（题为《中夜不寐偶成》，载《饮冰室诗话》），注中多非儒之说。归蜀后，常以《六经》《五礼》《通考》《唐律疏义》《满清[1]律例》及诸史中议礼议狱之文，与老、庄、孟德斯鸠、甄克思、穆勒约翰[2]、斯宾塞尔、远藤隆吉、久保天随诸家之著作，及欧美各国宪法、民刑法比较对勘。十年以来，粗有所见。拙撰《辛亥杂诗》（见《甲寅》七期）、《李卓吾别传》（见《进步》九卷三、四期），略有发挥。此外尚有《家族制度为专制主义之根据论》《儒家大同之义本于老子说》《儒家重礼之作用》《儒家主张阶级制度之害》《消极革命之老庄》《读〈荀子〉》诸篇，其主张皆出王充、李卓吾之外，暇当依次录上，以求印证。

不佞常谓孔子自是当时之伟人，然欲坚执其学，以笼罩天下后世，阻碍文化之发展，以扬专制之余焰，则不得不攻之者，势也。梁任公曰："吾爱孔子，吾尤爱真理。"区区之意，亦犹是耳，岂好辩哉？拙撰《宋元

① 原文如此。为特定历史时期的旧用法，今已不再使用此称法。

② 今译作"约翰·穆勒"。

学粹》《语例言》引李卓吾语，前清学部曾令赵学政启霖查禁。癸丑在成都《醒群报》投笔记稿，又由内务部朱启钤电令封禁（此次方准启封）。故关于非儒之作，成都报纸不甚敢登载。章行严曾语张重民曰："《辛亥杂诗》中非儒诸诗，思想之超，非东南名士所及。"不佞极愧其言。然同调至少。如此间之廖季平丈，及贵报通信之陈恨我君之见解，几塞宇内。读贵报大论，为之欣然，故不揣冒昧，寄尘清监。教之为幸。

即颂

撰安。

弟吴虞谨启

（二）答　书

又陵先生足下：

久于章行严、谢无量二君许，闻知先生为蜀中名宿。《甲寅》所录大作，即是仆所选载，且妄加圈识，钦仰久矣。兹获读手教并大文，荣幸无似。《甲寅》拟即续刊。尊著倘全数寄赐，分载《青年》《甲寅》，嘉惠后学，诚盛事也。

窃以无论何种学派，均不能定为一尊，以阻碍思想文化之自由发展。况儒术孔道，非无优点，而缺点则正多。尤与近世文明社会绝不相容者，其一贯伦理政治之纲常阶级说也。此不攻破，吾国之政治、法律、社会道德，俱无由出黑暗而入光明。神州大气，腐秽蚀人。西望峨眉，远在天外。瞻仰弗及，我劳如何！

独秀谨复

一九一七，一，一

答程演生（国学与国文）

（一）原　书

独秀先生左右：

读报得知足下近长北京大学文科，不胜欣祝：将于文科教授，必大有改革。西方实写之潮流，可输灌以入矣。其沉溺于陈旧腐浅古典文学及桐城派者，其亦闻而兴起乎？万望鼓勇而前，勿为俗见所阻。仆久欲作《予之中国近二十年文学观》一文，因循未果，然他日终必质之足下以评论之。馀不尽宣。

程演生启

（二）答　书

演生先生：

手教谨悉。仆对于吾国国学及国文之主张，曰百家平等，不尚一尊；曰提倡通俗国民文学。誓将此二义遍播国中，不独主张于大学文科也。大作何日告成？急欲一读。谨复。

独秀

一九一七，二，一

再答常乃悳（古文与孔教）

（一）原　书

独秀先生大鉴：

年假满来都，购《新青年》第四号读之，知曩者狂妄之言，已蒙登录，且加以指正矣，欣感何极！虽然，犹有未喻于怀者，故敢卒陈其所见，幸垂教焉。

以史概应用之文，定名自是不当，前书不过假定，取便行文耳。然文学之文与应用之文，究不可以不分，则先生固是其言矣。文学美文，虽不专在骈体与用典，然骈体与用典之文，不能谓为非美文也。骈文不过体裁之异，尚不足道；若古典之为物，则窃以为不善用之，固足以束缚性情，牵强失真，善用之，却可以助文章之省简。譬如叙一事，状一物，以常文说之，累累数十言未必能尽且肖，取相类之古典一二语代之足矣。盖古典之为用，颇似专门名词。名词括物之德，古典状事之情，一也。特是苟专恃古典为生活而成之文，则诚有如先生所言，易伤文学之天才者，惟因此遂全禁古典，似不必耳。二十世纪虽为物质文明之时代，然精神生活究不能全然抛弃，则文学美术之文，亦何可少乎？

至仆对于孔学之观念，有数语可以概括之。即仆信孔学之实质，与宗教之实质，全然殊科；又信孔子之言，未尝专主于专制政体。至孔子之道，果适于现在生活与否，仆未尝取孔氏之书尽读而晓其义，不敢断言。然私心窃以为世界过去之圣哲，无论何人所称道之学说，未有能与后世之生活完全适合者，亦未有完全不能适合者。孔子亦其中一人也，则何能外此公例哉？

先生以为汉、唐诸儒，何以不依托道、法、杨、墨，而独依托孔子。仆谓此当分两等人观之。如叔孙、刘歆之属，此辈心志，不过假学问为干禄之具，值所师为儒者，或世主好儒，遂因缘以为进身之途耳。是孔道自孔道，此辈自此辈，不足论也。乃若韩愈以及唐、宋诸儒，其心目所期，未尝不以继道统者自命，独惜所得为孔道之一部而非全体，所见为孔子之雅言而非微言。是故谓唐、宋诸儒所学与孔道之一部适相吻合可也，谓孔道之一部与帝制有关亦犹可也，遂谓孔道即与帝制有不可离散之因缘，是以分概全，未为可也。若谓汉、唐诸儒独依孔道，遂谓孔道即帝制之证，则张道陵未尝不依托老子，摩门教未尝不依托耶稣，将谓老子、耶稣亦尝言符咒之术、善多妻之风耶？若谓孔子尝称帝制，与二氏之凭空依托不同，则孔子又尝道"食不厌精，脍不厌细"矣，今使有人衣狐貉之衣，食必姜酱，自以为是孔子之道，又以是教人焉，则亦遂谓孔子为口腹之鄙夫，可乎？

窃见孔子虽尝言专制，而未尝不言大同。如《礼运》所载"大道之行"一节，或有非今日共和政体所能跻及者。孔子生未开化之世，一言一动，胥以救时为亟，故不得不常言专制。如《诗》、《书》与《礼》皆所雅言，而《诗》、《书》与《礼》则皆专制之法，不可行于后世者也（《礼运》一节，虽首称大同之美，而其究归于小康。盖亦对证[①]发药之言也）。宋儒学行，诚有卓绝者。仆谓不第宋儒，即如韩昌黎者，吾人虽不是其《原道》之说，而其品行文章，亦实非后人之所及。特是品行自品行，学术自学术，不能以持躬之正，遂许其见道之笃，亦犹不能见道之笃，遂许其持躬之正。此理至明，无足赘也。

孔子生于二千年之前，其思想言论，不能以后世眼光论之，吾人固不必强为装点，如近世儒者所为，甚至有以周、召共和为今之共和，以唐、虞禅让为今之民选者。惟孔子未尝专以君主专制为是，则证据凿然，未可

---

① 今作"症"。

抹杀也。昔孟子以继孔自命，迹其言行诚不必尽似孔子，独其谓孔子为圣之时，则可谓深得孔子之奥。孔子之道可推行于后世者，一时字而已。其他一切则皆是枝枝叶叶，适于古者未必遂适于今也。

仆见本期论文中有《孔子之道与现代生活》一篇，其中所言，仆几无一语不五体投地。尝谓今之尊孔者，其病在明知孔子非宗教家，又既知孔子之道未必全适于后世，然因误认今日社会道德之堕落，为亡弃旧学之故，思以孔道为补偏救敝[①]之方，故不得不曲为之说，而以孔子为宗教，以孔教为国教之议遂兴。此其数皆不明道德之真象[②]，不通论理之思辨有以致之。故先生谓孔子不必尊，仆亦谓孔子不必尊。然谓孔子不必尊则可，谓孔学为纯然专制之学，则犹未敢以为信也。

至于众人专制一语，不过沿用俗称。其实一人为暴，不过专制；众人为暴，乃成乱治。专制之暴，为力尚微；乱治之暴，遂不可救。得失之数，盖较然也。必谓一人可以为暴，众人即不可为暴，窃谓所谓众人者，不过较一人为众而已，持较群氓，犹是少数。以少制多，虽谓非专制焉不可也。矧孔子所值之时，乃是众人各自于其势力范围之中而施其专制。此则确然为专制而非乱治也。

先生谓吾人宁取共和民政之乱，而不取王者仁政之治。此言蕴理至精，仆宁敢妄有訾议？惟是国之施政，不第当问其欲不欲，尤当问其能不能。使国情而适于共和也，则从吾所欲，取共和可也；使国情而不足语此，吾人虽甚欲，其如不能何？（仆此言颇与筹安会人表面所持理由相同。然彼辈谓中国不能行共和，仆则谓吾民既能有辛亥倒清室之战，复能有去岁争人格之战，则吾民非不能行共和者也。至开国艰屯，何国能免？要在吾民有以自奋而已。）

抑又闻之，共和民政无乱也（真正之共和民政，亦未尝无乱。其乱在

① 今作“弊”。本篇下文同。

② 今作“真相”。

挟多数之意以临少数。穆勒《群己权界论》论之详矣。然今日所谓共和民政云者既不足以语于真正大多数之民意，则为治为乱固无系乎此耳。故可以不论）。其所谓乱者，必其邻于专制者也。盖今所谓共和民政之乱者，有二端焉耳。其一则蒙共和之名，行专制之实，如近世民贼大盗之所为，其为专制易见也。又其一则势均力敌，莫能相下，或树党以互攻，或恣戮以快意，驯至如法国大革命后之恐怖时代，人人自危，有朝不保夕之虞，此固世俗所尝目为共和民政之乱者。虽然，苟即其事而一审之，则知此皮相之见未可据以为共和民政之罪符也。盖其恣睢暴戾之现于外者，固若以大多数之民意行之，而其实则内幕之中发纵指示者别有人焉。杀人者一人，被杀者又一人，此亦变象[①]之专制耳。其所谓乱，专制之乱，而非共和之乱也。夫共和民政，固足以导吾人于能力发展之途，而共和民政之出乎轨道以外者，其不足以语此，抑亦明甚。

是故苟以共和与王政较，则去取之间，固人情所同；而以共和之乱与王政之治相较，则仆宁取其治者以苟安旦夕耳。何则？既同有专制之实，同非自动之制，则除以治乱判去取外，尚有何法以轩轾于其间乎？此则愚见所及不敢苟为从同者也。为是为否，尚祈有以教之为幸。

即颂

撰安。

常乃悳上言

（二）答　书

乃悳先生：

读来书不厌详求，好学精思，至佩，至佩！

---

① 原文如此。今作“变相”。

行文本不必禁止用典，惟彼古典主义，乃为典所用，非用典也，是以薄之耳。

孔学优点，仆未尝不服膺，惟自汉武以来，学尚一尊，百家废黜，吾族聪明，因之锢蔽，流毒至今，未之能解；又孔子祖述儒说阶级纲常之伦理，封锁神州：斯二者，于近世自由平等之新思潮，显相背驰，不于报章上词而辟之，则人智不张，国力浸削，吾恐其敝将只有孔子而无中国也。即以国粹论，旧说九流并美，倘尚一尊，不独神州学术不放光辉，即孔学亦以独尊之故，而日形衰落也（人间万事，恒以相竞而兴，专占而萎败，不独学术一端如此也）。

足下谓叔孙通、刘歆等依托儒家，乃投世主之好，以为进身之途。足下当思世主于九流百家中，何以独好儒家也？足下既谓近世儒者以唐、虞禅让为今之民选为非，何以又言《礼运》所载“大道之行”一节非今日共和政体所能跻及耶？所谓大道之行，天下为公，乃指君主禅让而言，与民主共和绝非一物。足下岂谓贵族共和制度，有加于民之共和耶？

以行政言，仁政自优于虐政。以政治言，仁政之伤损国民自动自治之人格，固与虐政无殊。以治乱言，王政之治乃一时的而非永久的，乃表面的而非里面的；共和之治，乃永久的而非一时的，乃里面的而非徒表面的也。若共和之乱乃过渡时代一时之现象，且为专制余波所酿成，决非真共和自身之罪恶。足下有云：“其所谓乱，专制之乱，而非共和之乱也。”可谓一语破的矣。吾人于上陈理由，未能彻底了解，故于共和立宪政体，遂无信仰。无信仰遂无决心。口共和而脑专制，此政象之所以不宁也。若夫图一时之苟安，昧百年之大计，重现象而轻理想，大非青年之所宜，至为足下不取焉。

独秀

一九一七，二，一

答陈丹崖（新文学）

（一）原　书

独秀先生左右：

日者得读左右主撰《青年》，雒诵再三，至理名言，诚青年之药石，其裨益祖国前途者，云岂有量！仆虽寄身异域，亦得于文字行墨间，神交国中贤者，向往之诚，曷其有极！惟间有疑问不解处，仰左右析阐为怀，必乐闻之。

左右所提倡文学实写主义，一扫亘古浮夸之积习，开中国文学之一大新纪元，无任钦佩。至于非古典主义，仆窃有所疑，敢质诸左右。盖文字之作用，外之可以代表一国文化，内之可以改造社会、革新思想，纯乎精神的科学也。然精神每凭形式而发现，无高尚优美隽永妍妙之文字，决不能载深远周密之思想。古哲先贤所作文字，虽未必尽合现今时势，然确有独到之处。仆谓不必多刻求古深，惟绝对的[①]不用古典，则为过甚。即西洋文学，亦未必全非古典。想君明达，于西洋文学素有心得，不必多赘。

又左右答胡君适书内（见《青年》二卷二册）“言之有物”一节，左右似不赞同，谓恐失之“文以载道”之弊。夫足下既不主理想主义，又不主言之有物，究竟言之无物与理想主义有何分解？仆愚昧无似，愈不了解。请左右有以教之。

---

① 当时用法，今作“地”。

再胡君适既主张非古典，不用陈套语，然细读胡君著作，亦不尽脱离关系。岂胡君“自己无才力不能自铸新辞，故用古典套语，转一湾[①]含糊道去”耶？况言为心声，文字者，即代表言语之机械也。与上流社会谈话，尚避俚语，况文字中不避俗字俗语，而得表优婉明洁之情智者几希。

至于不摹仿古人，语语须有个我在，此即不同流俗之意。然人云亦云之说，自古斥为文家大病，岂必新文学谓然耶？

无病之呻吟，本属文人恶习。惟好生乐趣，尽人皆然。谁愿于康庄熙攘之世，而作悲伤憔悴之音乎？惟文字既为精神之外现，精神既受困苦颠沛，势不得不一诉之（于）[②] 文字。诗三百篇哀婉怨悱，适足代表一时之情感。即近代俄国文学，在泰西推为昌明之区，因久困于政府暴政之下，人民颠沛流离之苦一诉之于文字，即此例也。矧忧劳可以兴国，士君子每先天下之忧而忧者耶？愚谓惟恐举国上下沉溺安乐，啸傲湖山，玩愒岁月，敌国至于境而不知，盗贼瞰于墙而不闻，斯诚士子之大耻，较之无病而呻，犹不啻天渊也！种种疑窦，恳一一代为解释。曷深企盼！此上。

即颂

著安。

弟陈丹崖上

（二）答　书

丹崖先生：

惠书详示对于新文学之意见，读之不禁狂喜，谅胡适君亦有同情也。惠书有云：“文字之作用，外之可以代表一国之文化，内之可以改造社会、

---

① 今作“弯”。

② 原文无“于”字，今依文义加。

革新思想。”又云：“文字者，即代表言语之机械也。”此二段名言，前者即排斥古典主义之理由，后者即不避俗语之理由。足下所怀重大之疑，实已自行解释，无待他人之赘言矣。

行文原不必故意禁止用典。若古典主义之敝[1]，乃在有意用典及模仿古人，以为非此则不高尚优美、隽永妍妙，以如是陈陈相因之文体，如何能代表文化？如何能改造社会、革新思想耶？西洋近代文学，喜以剧本、小说实写当时之社会，古典实无所用之。实写社会，即近代文学家之大理想、大本领。实写以外，别无所谓理想，别无所谓有物也。吾辈有口，不必专与上流社会谈话。人类语言，亦非上流社会可以代表。优婉明洁之情智，更非上流社会之专有物。故《国风》《楚词》[2]，多当时里巷之言也。

爱国哀音，与夫以悲天悯人而执笔者，皆世界上可敬之文豪。胡适君所薄无病之呻吟，非指此类。胡君所谓，正为啸傲湖山、发愁叹肤词辈耳。匆复不尽欲言。

独秀

一九一七，二，一

---

① 今作“弊”。

② 今作《楚辞》。

答钱玄同（小说）

（一）原　书

独秀先生左右：

顷见六号《新青年》胡适之先生《文学刍议》，极为佩服。其斥骈文不通之句，及主张白话体文学，说最精辟。公前疑其所谓文法之结构为讲求 Grammar，今知其为修辞学，当亦深以为然也。具此识力，而言改良文艺，其结果必佳良无疑。惟选学妖孽、桐城谬种，见此又不知若何咒骂。虽然，得此辈多咒骂一声，便是价值增加一分也。

日前见公所拟大学文科中国文学门课程表，似以魏、晋至唐、宋为第二期，元、明、清为第三期。鄙意宋世文学，实为启后，非是承前。词开曲先，固不待言，即欧、苏之文，实启归、方。其与昌黎、柳州，谅为貌同而心异。又如说理之文，以语录为大宗。以白话说理，尤前此所无。小说是近世文学中之杰构，亦自宋始（以前小说如《虞初》《世说》，为野史而非文学作品。唐代小说，描画淫亵，称道鬼怪，乃轻薄文人浮艳之作，与纪昀、蒲松龄所著相同，于文学上实无大价值，断不能与《水浒》《红楼》《儒林外史》诸书相提并论也）。故鄙意中国文学，当以自魏至唐为一期，自宋至清为一期。质之高明，以为然否？（后略）

钱玄同上言

（二）答　书

玄同先生：

惠书谨悉。以先生之声韵训诂学大家，而提倡通俗的新文学，何忧全国之不景从也？可为文学界浮一大白！

先生前所见之课程表，日来各门均小有更改。中国文学则拟以自魏至北宋为一期，自南宋至清为一期。未审安否？尚希赐教。

独秀谨复

一九一七，二，一

答佩剑青年（孔教）

（一）原　书

独秀先生有道：

贵杂志略为涉猎数册，苦心热忱，无任钦佩。顾有所不解者，愿先生解其惑，俾某献其愚。

夫孔子，圣之时者也，但仅能适于当世之时，不能适于后世之时。贵志所以诋孔教者，非以此欤？是理诚是。虽然，彼取数千年前之孔教，而强与数千年后地隔数万里欧西之学说，一一相附丽者，于理固谬。若夫挟持今日欧西之思想文化，而痛诋数千年前之孔教（如贵杂志关于孔子种种论说），宜若今世当务之急，必先去孔教者，某不敏，诚不知用意安在。夫道有升降，政由俗革，不可强今人以行古道，世界文化愈演愈异，又乌可由今之道而斥古人？取长去短，可也；一笔抹杀之，不可也。孔教非绝对的不良也。矧国于天地，必有与立，各国提倡邦教，奈何先生弃孔子耶？

某大愚，窃以斯世文学不必革命，孔教不必排斥，惟人心陷溺、道德堕落，是真当哭也，是真当先设法以拯救之也。奸佞乖巧，欺诈蒙夸，俱戴一副假面具，以相交际。“伪”之一字，足以使青年人返禽兽路，不诚实是真一件好事不能作矣，国家尚何所赖耶？先生学贯中西，化青年之道德，似尤急于诋孔教也。前十年之人心，不如斯之恶劣，则孔教又何伤于中国哉？

某亦青年之一，非顽固守旧者，特不识诋孔教之用意，敢以上闻。书不尽言，言不尽意。先生肯解某之惑乎？则幸甚。

佩剑青年拜手

（二）答　书

佩剑青年先生：

来书捧诵数四，一一诉诸逻辑之境，觉不犯矛盾律者几希矣。本志诋孔，以为宗法社会之道德不适于现代生活，未尝过此以立论也。而来书亦明明承认孔道“仅能适于当世之时，不能适于后世之时”，是足下所疑者，已不待他人解释矣。

近世学术竞尚比较的研究法，以求取精用宏，来书所谓“取长去短”即是此义。吾人生于二十世纪之世界，取二十世纪之学说思想文化，对于数千年前之孔教施以比较的批评，以求真理之发见、学术之扩张，不可谓非今世当务之急。来书所谓“道有升降，政由俗革，不可强今人以行古道”，是足下不徒明明容许吾人有批评孔教之权利，且自身亦有诋弃孔教之主张也（古道不可强今人行之，此正本志之所主张）。

记者非谓孔教一无可取，惟以其根本的伦理道德适与欧化背道而驰，势难并行不悖。吾人倘以新输入之欧化为是，则不得不以旧有之孔教为非。倘以旧有之孔教为是，则不得不以新输入之欧化为非。新旧之间，绝无调和两存之余地，吾人只得任取其一。记者倘以孔教为是，当然非难欧化而以顽固守旧者自居，决不忸怩作“伪”欺人，里旧表新，自相矛盾也。

国于天地，必有与立，则教育尚焉，非必去宗教即不可以立国（法社会学者孔特，分人类进化为宗教、哲学、科学三大时期）。即以宗教国粹论，九流百家，无一非国粹。阴阳家与墨家，实为中国固有之宗教。佛与耶、回虽属后起，信徒乃居国民之大部分，乌可一笔抹杀而独尊儒家孔子耶？

中国民德不隆，诚足下所当痛哭。然此果非尊崇戴假面具作“伪”欺人之孔教（礼经所教，大部分如此，望足下详细一读）不可拯救耶？足下能断言之乎？

吾华之秽德彰闻于世界者，莫如宫监、男伎二事，公然行诸首都。自共和新说得势以来，此数千年或数百年之恶德一旦革除，岂非欧化之明效大验乎？古圣经传，固不禁刑余阉人也。据此可知前十年之人心，必更恶劣加于今日。孔教之伤于中国者，于政治，于社会，于家庭，本志已具言之，以供学者研究之资料，故兹不赘陈。

足下所谓文学不必革命，孔教不必排斥，请更详示以理由。倘能持之有故，言之成理，记者当虚心欢迎之，决不效孔门专横口气，动以“非圣者无法”五字，假君权以行教权，排异议而杜思想之自由也。

独秀

一九一七，三，一

答傅桂馨（孔教）

（一）原　书

独秀先生台鉴：

久诵大著，知先生于孔教问题多所论列。崇论宏议，鞭策人心，钦仰无似！窃谓居今日之中国而欲研究科学、讨论真理，非先将历史上遗传之文明之思想，一一怀疑，一一批评，而与二十世纪之新思想相融合调和，则茫茫前途，永无臻于光明正大之域。

孔子者，世界过去时代思想家之一，而有代表吾国数千年文明之资格者也。孔子之所以不满意于吾人者，其最大者，曰崇尚绝对主义也。研究学理，最忌独断，故必经过精密之思虑，始能发为正确之言论。而孔教最重门户，论事只求其绝对，说理则偏于一宗，绝不容相异学派有讨论研究之余地。孟轲、荀况，号为得尼山之真传者也。孟之痛诋杨、墨，荀之刚愎自用，语多偏执，颇类谩骂。其他汉、唐以后之自命孔教忠臣者，又多抱此村妪骂邻之口吻，一味排斥他人，指为离经畔[①]道。夫儒家之在周末，本不过诸种学派之一；虽其后皈依者众，有弥推弥广之势，然苟非崇尚绝对，则何至董仲舒之徒有罢斥百家，使臣民专奉孔子一人之请愿，而使神州思想界黯然无光，以迄于今兹也？曰，不出宗法社会之思想也。

社会演进之顺序，由图腾而宗法，而军国。孔子生于封建时代，故其

---

① 〈古〉同“叛”。

著书立说，率多注重于修身齐家之道。如三纲之义效法古人之说，使在下者知所服从，以保守先业，不致有偭背矩矱之举，固为美德。然一味服从，则成为奴隶道德，偏重保守，则万事无发达进步之机。此实宗法社会之缺点，亦孔子全副精神所贯注者也。

然时运进步，今日之社会已不能不改变其步伐，以入于军国社会。若军国民主义、亲子分居主义以及个人经济独立主义无一不与孔子之道凿枘难容，势非破毁其教义，则必为吾族文化进步之绝大障碍。此仆盥诵大志，所以钦仰拜倒于先生之言论也。

惟挽近世风浇漓，社会道德日益堕落，则所以维系人心者，又将何道之从耶？孔子之教义虽多不适于今之时势，然其消极道德之信条，如礼让廉耻等，颇足以针砭今日之颓俗，吾人固当拳拳服膺，并以此自励励人者也。质之先生，必有卓识宏论，以飨我辈男女青年也。

又沪上有无专修和文之处，以为东途之计，务请赐教为祷。

傅桂馨顿首

（二）答　书

桂馨先生：

尊论于尊孔诋孔之际，颇得其平。惟鄙意若以孔子教义挽救世风浇漓，振作社会道德，未免南辕北辙也。

儒者作伪干禄，实为吾华民德堕落之源泉。宗法社会之奴隶道德，病在分别尊卑，课卑者以片面之义务，于是君虐臣，父虐子，姑虐媳，夫虐妻，主虐奴，长虐幼。社会上种种之不道德、种种罪恶，施之者以为当然之权利，受之者皆服从于奴隶道德下而莫之能违，弱者多衔怨以殁世，强者则激而倒行逆施矣。以此种道德支配今日之社会，维系今日之人心，欲其不浇漓堕落也，是扬汤止沸耳，岂但南辕北辙而已哉！

廉耻等消极道德，非孔教所专有。礼为宗法社会奴隶道德之根本作用。让之为德，不善解释之，亦流弊滋大。

吾国去日本近，足下欲往游学，可即行，到彼间习和文，其效速于国中数倍也。

独秀

一九一七，三，一

三答常乃悳（儒教与家庭）

（一）原　书

独秀先生大鉴：

月前邮上一函，计已呈政矣。日来都中始得第五号读之，未知六号已出版否？兹将近作《我之孔道观》一文寄呈尊览。此乃近日来所体会而得，为是为否，无所就正，愿先生为卒教之。

又五期载胡先生论改良文学一文，其解释古典之用法，与仆前函颇可印证。若白话为文体正宗之说，尤仆所私心祝祷，期有日得见此盛者。仆尤愿胡先生归国后，能一以改良文学为己任，或创一白话报以作改良之模范，则登高一呼，盛业当不朽也。大志此后能时时提倡此种言论尤善。

又有所私望于大志者：愿大志此后提倡积极之言论，不提倡消极之言论；提倡建设之言论，不提倡破坏之言论。即以家族制度而论，与其提倡破坏旧有的大家族制度，何如提倡建设理想的小家庭模范？优胜之小家庭既立，则大家族自在劣败淘汰之列，正不必再劳破坏也。

至如所谓“不经破坏，不能建设”一语，此仆所极不敢赞同者。窃以此语不过就过去之现象所得抽象之观察，不知过去之现象悉为天然的而非人为的。进化论者有言：“人治有功，在反天行。”今日凡百治业，罔不以反天行为胜矣，何独于此语而犹囿于现境为也？是否有当，幸垂教之。

即颂

著绥。

常乃悳上言

二月十八日

（二）答　书

乃悳先生：

吾国大家族合居制度，根据于儒家孔教之伦理见解，倘欲建设新式的小家庭，则亲去其子为不慈，子去其亲为不孝，兄去其弟为不友，弟去其兄为不恭。此种伦理见解倘不破坏，新式的小家庭势难生存于社会酷评之下。此建设之必先以破坏也。惟破坏略见成效时，则不可不急急从事建设，为之模范，以安社会心理之恐怖作用。足下以为如何？

独秀

一九一七，三，一

答淮山逸民（道德）

（一）原　书

记者足下：

贵志出版以来，吾青年界得一良友，提携指导，不可谓不勤矣。虽然，所得之效果何如耶？环吾左右而居者，无一非堕落之人也。即以吾之本身而论，谓非堕落，亦不可得。呜呼！岂可以已乎！

吾国民族果自今而堕落耶？吾知闻吾言者，必谓吾言为不经。试举其证：吾国民数号四百兆，女子去其半，老幼又去其半，所存之青年壮力有为者，不过百兆耳。百兆之众，又当举其执业而分之：若农，若工，若商，若学，若政客，若军人。试问如上所数之各个人，能各尽力于其职业者有几人？他界吾不知之，我，学校之学生也，忝然为学界之一人，知之固悉，请得而言之。

凡人类皆有嗜好，又各有其恶嗜好，此由于人情好逸而恶劳，天性使然。苟不能以理性制私欲，堕落最易。故学生百人中，好冶游与好观剧、好斗雀牌者，亦皆各占其四分之一（此指中学校以上之学生，正青年有志之时也），所余四分之一，仅廿五人，谓其能勤修学业，终日不怠者，犹恐未必。以吾学生界，尚且如是，以此类推，其他各界，亦必如是。呜呼！如此现象，岂可以已乎！

吾中国民族果自今而堕落乎？有心人所当痛心疾首者也。推原其故，社会所以呈此堕落之现象者，殆皆由于各个人之有惰性。惰性何由而发生？心理学家谓人之气质，为本乎对外刺戟[1]之奋力，别为强弱缓急四种，因其年龄而有差异，年当少壮之时概属强性，何以吾国民而不然耶？岂即医学家所谓惰性乎？惰性为一种精神上之病，据近时神经专门家之说，谓由于不规则之劳动及食物之不消化，与身体之不运动。故医学家又谓脑髓中有特殊之细胞为宿、住、意思三所。此细胞失其势力，意思衰弱，从而懒惰，遂不能堪劳役之事。由此以观，吾国人之惰性所以发生者，思过半矣。

顾吾尚有所谓知识不足与受旧道德伦理上之束缚，亦可为惰性发生之原因者。何以言之？语曰："学然后知不足。"吾国人多半未尝学问，故不知不足；不知不足，则更不知乎学；不知学，故思想知识薄弱；思想知识薄弱，故不知上进。语又曰："不进则退。"退则惰性生，此一说也。何以谓受旧道德伦理上之束缚耶？有一人焉，其身体强壮，其知识充足，明于是非，勇敢有力之人也。缘其身之所处，四周皆旧道德伦理之社会，未从兴一事，其左右之人皆曰，此有违于圣人之言也。磨折横生，虽有志之士，鲜有不遭失败者。久之心灰意冷，形如槁木，惰性由此生矣。

以上所举，皆惰性发生之原因，足以障碍青年有为者。欲除此弊，故仍当究体育，振精神，求学问，增知识：此关于储力方面言之也。欲将来有所致用于社会，则先宜打破旧道德伦理上之障碍。旧道德伦埋，即普通人所谓善良风俗。夫风俗随时代而变迁，非一成不变者也。彼所谓善良风俗，不知其善良至于何度，故吾不承认是说为正当。且吾国既进而为法治国矣，事事但求合于法律而已足，固不须节外生枝。道德者，乃野蛮半开化时代之名词，而非文明大进时代之所有物。世有欲以旧道德伦理说范围人心者，直与迷信宗教之人，以上帝威吓愚民，同一聱说，固无答辨[2]之价值也。

最近日本文学士中村久四郎著《极东之民族》一书（大正五年十一月出版，民友社发行，为"现代丛书"之一），述吾国民族之历史颇详。然

---

① 今作"刺激"。

② 今作"答辩"。

吾于是书有不惬于心者二端：

> 一曰标题之谬误。“极东”二字，本美语 Extreme East，以示与极西对称之名词也。以地域而论，凡属于亚细亚系统之民族，皆在极东范围之内。著者谓此乃广义的，非其所取（见该书第六页）。即以著者所持之狭义说，日本民族亦在其内，何以但言我国民族而不及日本？准之逻辑，外延与内含①不甚相符，于理实为不通。且既叙吾国之民族，即标题中国之民族，已名称其实。著者必以“极东”标题，此其故何耶？吾国之各民族不足以组织统一之国家耶？呜呼！未免侮辱我太甚矣！
>
> 二曰有离间我国民族之意。此题缘前意而生。夫吾国民族之复杂，人所共知，结合之久，亦人所共晓。历史上虽不免有消长之迹，然自共和成立以来，五族平等，已无歧视之见。著者一则曰：“汉人侵占蒙古人之土地（此指该书第三二七页所言‘绥远道与热河道北界之暧昧’四条）。”夫侵占二字，乃本国对于外国有所攘夺之义，而著者以吾国国内行政区域之变更，而亦曰侵占，此其可通也耶？又曰：“汉、回之相仇，已非一朝一夕之故。”且列举相仇之原因（见该书第三三九页）。吾不知著者何所据而云然？

以上二则，谓非有意离间吾国民族不可得也（其余尚有所谓汉人革命成功之后，满人已退居第二位，此指吾国人谓汉、满、蒙、回、藏五族，疑为按等第而列举之故，不知吾国人并无是意，不过为口头上、文字上形容之便耳）。观其结论一言，野心勃勃，直有宰割吾国之势。呜呼！吾国民处此竞争之世界，不进则退。列强虎视，吾国民自知国势之弱，应如何惕励乃心，勉图生存。不此之务，而犹泄泄沓沓，岂可以已乎？外国人之谋我，取术固有多端，又岂著书而已哉？吾国民不知自振，吾又不暇为中

① 今作“内涵”。

村氏责也。以上所举，心所欲言，故不得不言。文字之工拙，非我所计。未知记者以为如何？愿有以教之，馀不白。

即颂

撰安。

淮山逸民谨启

（二）答　书

淮山逸民先生：

尊论旧道德不适今世，愚所赞同。惟将道德本身根本否认之，愚所不敢苟同者也。盖道德之为物，应随社会为变迁，随时代为新旧，乃进化的而非一成不变的，此古代道德所以不适于今之世也。然谓今之社会无需道德，道德乃野蛮半开化时之名词而非文明大进时代之所有物，诚愚所不解。野蛮半开化时代有野蛮半开化时代之道德（如封建时代之忠、孝、节、义等是），文明大进时代有文明大进时代之道德（如平等、博爱、公共心等是）。无论人类进化至何程度，但有二人以上之交际，当然发生道德问题。

愚固深信道德为人类之最高精神作用，维持群益之最大利器，顺进化之潮流，革故更新之则可，根本取消之则不可也。

指斥旧道德之最趋极端者，莫如德国之尼采，然彼固悍然承认残忍、嗜杀、自利、自尊为道德，道其所道，德其所德，是非乃别一问题。然彼亦未尝否认道德本身名词之存在，固彰彰明也。

日本人排拨吾族之恶感，理或有之。然其取吾人代表远东民族，亦未尝无理由。吾人亦乐得承认之。足下以为如何？

独秀

一九一七，三，一

答俞颂华（宗教与孔子）

（一）原　书

独秀先生座右：

偶在书肆购得《新青年》第四、第五两号，归而读之，颇多感发。所论孔教问题二篇，尤具卓识。惟其中有与鄙见刺谬者，聊举一二，希赐还答。

先生谓孔子以前之儒，孔子以后之儒，均以孔子为中心。其为教也，文行忠信，不论生死，不语鬼神；其称儒行于鲁君也，皆立身行己之事，无一言近于今世之所谓宗教者。因谓“孔教”二字，殊不能成一名词，此诚不失为一种见解。然窃尝闻宗教云者，以信仰之形式规定人生之行为。其为类甚多：如以神为标准而言，则有多神的、单一神的、复一神的之分；依教义为标准而言，则有伦理的与非伦理的之判。日本建部博士曰：“儒学之有凡神的观念，乃学者之所论定，不可争也。”（《普通社会学》第三卷第四百六十一页）又曰：“宗教依其为人生之规定而发达，即宗教实用之发达也。”故以宗教的内容之发达论之，约分三期：即（一）命令的规定，（二）教导的规定，（三）契识的规定是也。耶、佛二教主教导，而亦含多少命令。儒教犹未发达，故单以教导为主，然其发达则趋乎契识的方面也。所谓契识的者何？质言之，即伦理的内容与宗教的内容全然合一，神非超绝的，而宗教除实用性质外，并无丝毫之不纯，此为宗教发达之极。（同上书四六八页）白兰克马氏曰：“伦理的宗教，于神与人教之关系外，更设人与人道德的相亲之谊。”（Black Mar's *Elements of Sociology*, pp. 199）使二氏之说而信，则先生所引文行忠信、不论死生、不语鬼神云云，不足为孔教非宗教之证，特孔教为凡神的伦理的宗教已耳。

至孔子之教义，固有不合现代生活者存，然在他教，亦不免此，特他教有嬗蜕，而孔教仍旧贯，此乃宗教发达与否之问题，非关教义之本质也。孔子教义，自有其不可诬者。“择其善者而从之，其不善者而改之”，与时递变，滋长增荣，是则昌明孔教者应有事也。譬之周、秦、汉、唐之文，非不甚美，以时代已遥，不足赅今世思想事情之变，吾友胡适之君，为作文学改良论，慨乎言之。夫改良之可也，若以不便于用，举而废之，而以他国之文为代，岂不甚谬？夫一国文化，自有特质。知文学可改良而不可废弃，则知孔教亦可改良而不可废弃矣。尝怪今之谭孔教者，抱残守缺，谋而不忠，而一二稍能辨理者，又寻垢索瘢，欲根本推翻其教义以为快。前者知保存孔教而不思所以发达之，是虽顽而犹勇也；后者知孔教之不发达，而欲以无教安焉，是虽智而甚怯也。以二者之皆讥，愿先生有以矫之矣。

先生又欲以科学代宗教，陈义甚高，仆亦深表同情。然学者之言，贵在讲明真理与适应现世，不可偏于一面。当今之世，宗教果可废否？如曰可废，不但孔教当消灭，其他各教亦当消灭；如曰不可废，而先废数千年来历史上有力之孔教，则吾国精神上无形统一人心之具将以何代之？华特氏之言曰：“宗教为社会的吸力，所以纳社会于轨道者也。”爱尔和特氏亦谓宗教与高尚文化之生活有特别之关系，使宗教绝灭，则一切社会的较高之价值或将消失，而文化上较高之形式亦随而隳矣。（*The Social Problem* by Ellwood, pp. 204—205）夫以西洋文明之进步，学者犹作此言，矧在吾国百废未举之时，而独汲汲于提倡废孔之说，此其危险，如何可言？统观先生二文，俱针对现社会现国家立说，与纯然说理者不同，故略为言之。馀不缕缕。

敬颂

撰安。

俞颂华白

（二）答　书

颂华先生：

愚自执笔本志讨论孔教问题以来，所获反对之言论，理精语晰，未有能若足下者。细读惠书，欣佩无似！惟鄙意尚有不敢苟同者，略为足下陈之。

窃以宗教之根本作用，重在出世间，使人生扰攘之精神有所寄托耳。倘以规定人生之行为为义，则属入世间教，与伦理道德为枝骈，宗教之为物，将于根本上失其独立存在之价值矣。世俗虽有宗教之类之说，其实只一神、多神两类得称为纯正宗教，盖宗教不离鬼神也。若泛神教（或译作万有神教）则已界于宗教非宗教之间。桂特赫克尔谓泛神教质言之即无神教，其说是也。无神论乃一种反对宗教之哲学家见解，字之曰宗教，殊为不伦。

凡宗教必言神，必论生死，此大前提未必有误。孔子不语神怪，不知生死，则孔教自非宗教。儒家虽有鬼神体物不遗之说，骤观之似近泛神教，然鄙意此所谓鬼神，与《周易》一阴一阳之谓道相同，非宗教家所谓有命令的拟人格的主宰之神也。即以孔教属之泛神教，是否可目为纯正宗教，尚属疑问。至“伦理的宗教”之说倘能成立，则世界古今伦理学者、哲学者，无一非宗教家，有是理乎？是白兰克马氏之说不足信也。西洋人称日本人迷信天皇乃一种宗教，是滑稽之言耳。而日本人颇有以此自矜异者。日本滑稽学者正多，不独建部博士也。

孔教之义，足下亦不满之，惟谓孔教等诸古代文学，只可改良不可废弃，此殊不然。教义为无形的，而文学乃无形的（思想部分）而兼有形的（文字部分）。足下对于文学改良之意见，非谓废其无形的部分而存其有形的部分乎？由斯以谈，则孔教与旧文学同一可改良不可废弃之说，未必有当矣。

愚之非孔，非以其为宗教也。若论及宗教，愚一切皆非之（在鄙见，讨论宗教应废与否与讨论孔教应废与否全然为二种问题），决非为扬他教而抑孔子也。华特氏谓宗教所以纳社会于轨道，爱尔和特氏谓宗教与高尚文化之生活有关系。近世欧洲人受物质文明反动之故，怀此感想者不独华、爱二氏。其思深信笃足以转移人心者，莫如俄国之托尔斯泰、德国之倭铿。信仰是等人物之精神及人格者，愚甚敬之。惟自身则不满其说，更不欲此时之中国人盛从其说也（以中国人之科学及物质文明过不发达故）。

宗教之为物，无论其若何与高尚文化之生活有关，若何有社会的较高之价值，但其根本精神，则属于依他的信仰，以神意为最高命令；伦理道德则属于自依的觉悟，以良心为最高命令，此过去文明与将来文明，即新旧理想之分歧要点。其说非短篇所能尽，愚且以为属于讨论孔教之题外文章，故不欲多论。

来书意谓“数千年历史上有力之孔教，为吾国精神上无形统一人心之具，不必汲汲提倡废弃”，是说也，乃保存孔教者所持最能动人之理由，亦即鄙人所以主张孔教必当废弃之理由。此事虽奇，实孔教问题之中心也。

孔教为吾国历史上有力之学说，为吾人精神上无形统一人心之具，鄙人皆绝对承认之，而不怀丝毫疑义。盖秦火以还，百家学绝，汉武独尊儒家，厥后支配中国人心而统一之者，惟孔子而已。以此原因，二千年来讫[①]于今日，政治上、社会上、学术思想上，遂造成如斯之果。设全中国自秦、汉以来，或墨教不废，或百家并立而竞进，则晚周即当欧洲之希腊，吾国历史必与已成者不同。为学深思之士，谅不河汉斯言。及今不图根本之革新，仍欲以封建时代宗法社会之孔教统一全国之人心，据已往之成绩，推方来之效果，将何以适应生存于二十世纪之世界乎？吾人爱国心倘不为爱孔心所排而去，正应以其为历史上有力之学

① 今作“迄”。

说，正应以其为吾人精神上无形统一人心之具，而发愤废弃之也。

若夫废弃孔教，将何以代之，则国民教育尚焉。中外学说众矣，何者无益于吾群？即孔教亦非绝无可取之点，惟未可以其伦理学说统一中国人心耳。若以此统一人心，而谋有以保存之，发达之，则此共和国中，尊君尊亲尊男之礼教，不知发达至何程度，始为美备也。愚实无此勇焉。

凡愚所言，皆来书所谓“讲明真理与适应现世”而已，无他意也。希足下尚有以教之。

独秀谨复

一九一七，三，一

四答常乃悳（孔教）

（一）原　书

独秀先生座右：

顷读大志第六号，蒙指示一切，感甚。去月十八日曾上一函，附《我之孔道观》一文，当均呈政。此文不过略陈鄙见，以备采择，无价值之可言，似不必为之披露也。

就实际而论，孔子之道，比较的在周、秦诸子中为毗于专制，无可讳言。然当思孔子所承为宗法社会封建制度极盛之后，则其所称道，较之已为革新、为进化。所异者，孔子为积极建设派，与老、杨之消极破坏者不同；为渐进派，与庄、墨之急进派亦不同耳。

先生辟孔道另具苦衷，仆亦颇能领悟。惟窃以为今日国中尊孔之主持者，不过少数迂儒。此辈坐病亦只在头脑稍旧，见理不真，尚未必有蓄意淆乱是非之心。倘能因其势而喻以公理，未必竟不能翻然觉悟。今日反对、赞成两方各旗鼓相当，所缺者局外中立之人，据学理以平亭两造者耳。若公断之言稍涉偏倚，则不惟无以折尊孔者之心，诚恐意见所激，则解决此问题之法将不在学理而在他种之势力，此岂吾人所欲乎？若夫学术界定于一尊之思想，则根本上即不能成立，又不在孔道之若何若何也。

至共和与专制之利害，仆非敢谓共和不如专制，亦非谓国有不适于共和者。惟以为吾人欲求共和政治之实现，当从根本上著手改革，使其民而尽成共和之民，则共和政体何患不成？此固舍教育不为功矣。否则实质未殊，分子依旧，则虽经十度百度之政治改革，庸何济乎？

人生于世，不可无理想之鹄的以为进行标准，此仆所信以为然者也。然此理想鹄的之建立，要不能不依于现境。窃以为人生最大职务，即在就吾人环应之现境，加以变动，使实现吾理想之鹄的，如是而已。知有现境而不知有理想，固为不可，若舍现境而专言理想，则其所谓理想者，将何从以征其实现乎？

若夫图一时之苟安，昧百年之大计云云，则固仆所常自警惕，庶几一日得免此病者，先生之言，仆敬佩之矣。

即颂

教绥。

常乃悳上言

（二）答　书

乃悳先生：

足下平论孔教，渐近真相，进步之速，至可钦也！

凡学说教义之兴废，皆有其绝大原因。吾人讨论学术尚论古人，首当问其学说教义尚足以实行于今世而有益与否，非谓其于当时之社会毫无价值也。使其于当时社会无价值，当然不能发生且流传至于今日。尊孔者多不明此理，故往往笼统其词，所称道以为莫可非议者，皆孔教过去之成绩，未尝于孔教果能实行于今世而有益与否之问题有详确之论断。是无异文家叙述古代战争，咸称石矢之为无上利器也。

夫孔教之为国粹之一，而影响于数千年来之社会心理及政治者最大，且为当时社会之名产，此均吾人所应绝对承认者。惟吾人今日之研究，乃孔教果能实行于今世而有益与否之问题。果能实行而有益于今之社会，则数千年之国粹，吾人亦何忍无故废弃之？果实行于今之社会，不徒无益而且有害，吾人当悍然废弃之，不当有所顾惜。

据学理以平亭两造，惟当较其是非而下论断，偏倚与否，殊无虑及之理由。若恐学理是非之讨论过明，或激成他种势力之反抗，则吾辈学者尚有何讨论学理之余地乎？学理而至为他种势力所拥护、所利用，此孔教之所以一文不值也。此正袁氏执政以来，吾人所以痛心疾首于孔教而必欲破坏之也。

人民程度与政治之进化乃互为因果，未可徒责一方者也。多数人民程度去共和过远，则共和政体固万无成立之理由（愚于《吾人最后之觉悟》文中已略明此义）。然吾人论政若不以促进共和为鹄的，则上之所教，下之所学，日日背道而驰，将何由而使其民尽成共和之民哉？今日无论何国政治，去完全真正共和尚远。吾闻有已行共和政体而其民尚未尽成共和之民者，未闻其民皆共和之民，而始行共和政体者。盖共和无止境，非一行共和政体，即共和政治完全告成者。惟其民适于共和者之数加多，则政治上所行共和之量亦自加广耳。以此为的，则日进有功。若虑其民尚未尽成共和之民，遂惮言共和政体，则共和将永无希望。良以非共和政体之下，欲其民尽成共和之民，是南辕北辙，万无达到之理也。一日不达到，即一日共和政体不能实现，足下将谓之何哉？

独秀

一九一七，四，一

答曾毅（文学革命）

（一）原　书

独秀先生足下：

仆于友人处得读所为《文学革命论》，甚佩，甚佩。立起如市，购得贵志全册，又读胡君适所为《文学改良刍议》，窃不禁大喜。中国文学坏滥久矣，得足下之伟论，冲荡而振刷之，一扫黄茅白苇之习，使吾人精神界若顿换一新天地。由此浸灌成长，仆知后来者之视足下，亦将如今人之视孙、黄辈为政治革命之前驱也。

仆尝谓吾国陈旧之物之存于今者，取其足以与新机迎合，而牖之，培之，化之，大之。其诸不适于现世界之生存，可视同历史之古物，一切束置高阁[①]。文学然，道德然，学术然，政治亦然。此其间新机之关于政治者，最易受戕贼，良以权利之所存，而又阻于种种遗传之惰性。惟此文学界，既无前二者之难，而又有乱极思治之象，诚得海内外名宿相与提倡，不出十年，必可奏廓清之功。即亦资之以助新政治之进化，真韩愈氏所云其功不在禹下也。盖吾人唯一希望，在现在之青年与将来之青年，得贵志而新之以十年之教训，虽不中不远矣。

惟足下最辟“文以载道”之说，因辟“文以载道”而兼及于“言之

① 今作“束之高阁”。

有物”。鄙见似不敢赞同。详观尊论所指，以为载道之文，不过钞[①]袭孔、孟以来极肤浅极空泛之门面语而已，与八股家之所谓代圣贤立言者同一鼻孔出气。而以言之有物之物，视为文以载道之道，足下似将道字呆看。谬推足下之所以呆看，则蔽于俗传之狭小道字，如王湘绮所谓文必依于道，故必依经以立义，一若除经外即非道也。仆则以为道之本义极宽泛，当古人学术未发达之时，一切名词皆极含混。道而属于文，即凡事事物物，莫不赅之，不必专谈孔、孟之道者始谓之为道也。道如孔、孟之于文，不过备道之一格而已。故仆妄以为文以载道之道即理，即今之所谓思想，特不过古人之所谓道，比于思想，则寓有限制作用之“正当的”条件在内耳。然究之吾人之为文，似不能不含此作用。任检一事言之：朋友之函牍往还，称量推崇，交际之道也；过其量则谀矣，而非道也。故述一事也，必视于国家社会有关者，或劝之，或惩之，莫不有道在焉。造艳情小说，而其义必止于不淫，不淫即道也。论古人得失，而其言必求衷诸至正，至正即道也。事之所存，即莫不有道之所存。言之有物，物即道也，即理也。先儒之格言，即本其一生所视察之结果，可供准则与否，别为一问题，而要其形于言，即纳而归之道也。

仆敢谓非道之文，不有价值；无物之言，必为空衍。足下主张写实，写实即有物，有物即有道。各学派皆各有其道，亦即各有载道之文，亦即各有其有物之语。足下既于学术不主一尊，独安得以文以载道之道而属之孔、孟乎？

足下答陈君丹崖之言曰：“实写以外，别无所谓理想，别无所谓有物也。理想与学术相依，似不必羼入文学范围内。”然文学与学术，实有相密切之关联。其理想优而其文字亦愈美，即其物足而意味亦愈深长。足下之不主言之有物，毋抑指昔时诗人以臣子之忠爱，而托喻于男女怨慕之情之类者乎？吾人试就其诗以言诗，果能写真，其诗即美，即云有物可也。

① 旧同“抄”。本篇下文同。

然能使读者另会其影喻之旨，则其趣味更加浓厚，固无不可。不然，表面上所言不能入情，即其里面亦决不足观，尚安得谓之有物哉？借曰有物，必破滥者也，必朽败者也。此仆所以不欲附和于足下者也。

仆向者尝慨吾国文学之坏滥，纂辑文学史一小册。其中取材虽浮滥，而其义则独抒鄙见者，实占十之七八；又窃自幸同于足下与胡君适之所主张者，亦十之七八。当仆命笔之时，实亦挟改革文学之志愿。如足下所谓古典文学，拙著特立专章以著之，以考其源而遏其流，姑钞呈拙著后之结论一节，以供质证。并呈正全书一册，尚乞高明有以教我焉。

> 中国之文，坏于用意摹仿。自扬雄著其端，而所师尚在乎意。至明、清袭其习，而所法全在乎形。（中略。）文至于貌同是求，而后虚薄浮滥之文，乃充塞于艺苑矣。
>
> 中国之文，尤坏于滥用典故。圣作明述，吐词为经；语意渊涵，初无衬垫。战国诸子，明事达情，妙于取象，偶一遣用，意主左证，用兼檃括，初无意于篆刻也。西汉犹少，东京始繁。自是以来，比兴之义亡，铺张之情亟；恣意渔猎，漫涂粉黛；鹤胫续凫，张冠戴李；衒博者务为獭祭，好奇者窜入蚕丛；以古官代今名，托僻典为影喻；几使读者茫然不知真意之所在，文至此盖可云一大劫矣！
>
> 因摹仿之足崇，故文范之论起。归震川之《史记》录本，赵秋谷之声调谱，揣摩声音章句之间，规其所以似古人者，几于无微不至。随者从而效之，徒以抑扬转折为事，略为文之本，而后文以病而益荒。文本，天地之元气也。天有阴阳寒暖，地有燥湿平陂，人有刚柔缓急，应乎理以为言，自然中节而有秩，无所谓法也。文之有法，聊为初学者示捷径可耳，而必执之以为高，则有流于机械而无变化之用矣，岂不谬哉！
>
> 因典故之是尚，故文料之书繁，摘屈、宋之艳辞，采《史》《汉》之隽语，分类纂辑，用资取求，可省记忆之劳，可盖枵腹之丑，

事至便也。其初也意本乎训蒙，其极也遍行于场屋。或则数典忘祖，或以袭谬因讹。原书束而不观，空疏衍而弥甚。就令博记，而零缣断锦，何与通才？自非划除，则真气雅言，终于沉晦。故欲尽文之能事，不于本求之，区区拾古人之牙慧，无当也。

文本于学，孔、老、释迦非所计也。观古今文人，莫非学人；苟非学人，即亦不足为文人。而后之人不于学加深研，营逐于文字之末，何者为汉、魏，何者为唐、宋，宜其刓蔽而不振也。文本于字，字不明而欲能文，譬之舌蹇而求能辩也。虽许、郑、戴、段不以文名，而能文者未有不稍具许、郑、戴、段之学者。辞赋如扬、马，文章如韩、欧，其深明字义，常人之所不逮，而后之人不于小学加考求，惟以剽窃为工夫、涂抹为墙壁，是犹却步而求及前人也。夫有学无字，则辞不雅驯；有字无学，则文为空衍。二者兼具，乃可言文。今之人动曰文荒矣，而不知实学荒也，字荒也。古人余力学文，孩提学书，今则壮不知字，老不知学，岂不悖哉？韩昌黎云务去陈言，予以为尤贵去陈理。去陈言本乎字，去陈理本乎学。温故知新，宣尼所重，后人徒知好古，无意更新，苟能出新，定可不朽。前人已言者，吾改头换面言之，何取乎灾梨而害枣也？前人之所未言者，吾能从而发明之，若是乎，文乃可贵矣。文贵通裁，辞贵达意，通故道明，达故用显。奇辞奥义者非通，钩章棘句者不达；居今饰古者非通，假甲为乙者不达；宜雅而俗者非通，芜词累气者不达；当隶为篆者非通，以经书券者不达。昌黎文之佳者，在于文从字顺；“六经”文之美者，在于意味深长。典谟之文，惟唐、虞宜之，王莽效之则陋矣；渊、云之文，惟汉时宜之，李、何效之则袭矣。对扬庙廷，则宜庄重典雅；谕譬黎庶，则宜明白晓畅。要其贵于通达，以适时用，古今中外一也。

知文之贵于通，散可也，骈可也，骈散兼行亦可也；知文之要于用，法古可也，用典可也，二者并斥亦无不可也。处今之世，尤亟务焉。一国之废兴，视民智之多寡高下以为准。文之为用，瀹民智之利器，鼓学术之风炉。明道弼教，治官察民，端赖于是。察邻国之文，能适于浅，而吾国乃好为高古也；能进于整，而吾国乃日滋冒滥也：此非文病，学先病耳。（中略。）乡[①]使西学不东，犹是闭关却扫，一二学者，亦惟是起伏于古人之窠臼而已，其能有所振拔耶？顾亭林有言："诗文之所以代变，有不得不变者。一代之文沿袭已久，不容人人皆道此语。"然则今之文学之敝[②]也，殆已达穷变通久之运者乎？一代之盛也，必先之以共同酝酿之功，而其衰也，常在于菁华已竭之后。东汉为西京之酝酿，赵宋本唐代之调和。明三百年上承宋，下启清。明而未融，故其敝尤著。今之文运，适与李唐、朱明等观。混合之时，而非化合之侯。吾人生丁此际，偏于西不可，偏于中不能，但务调剂中西之精英，以适于现今之实用。一旦两质融化，发生特别之光华，若宋之所谓理学者，又何患文之不至哉？议者苟嗤吾说失中，谓中国代传之美文何可尽废。夫以今学术之分科发达，文欲存汉、魏、六朝之体，诗欲追"葩经"、乐府之遗，特设一科以供嗜古玩者之求，无不可也；安所取滔滔者而皆学科斗[③]篆隶之书也乎？夫文出乎学而要乎用，文之本职也。但使人人能尽其本职，虽不美，庸何伤？

足下主张写实，主张通俗，此二者实足以破千古文学之的。前者为文学大本领之所在，后者为文学大作用之所在。仆尝以为文字之能事，最难形容尽致。形容尽致者，非画蛇添足之谓也，即取当时所有之情景而毕肖之。左氏叙晋楚之战，历历如在目中；范晔叙昆阳之战，如亲见其声势；施耐庵之著《水浒》，处处皆有其人：是亦足下所谓写实之义也。

---

① 今作"向"。

② 今作"弊"。本篇下文同。

③ 原文如此。今一般写作"蝌蚪"。

文主通俗，仆已于拙著文学史中时时发之，特仆关于此，窃有一私见。中国之文，甚难于语文一致，以各地方音歧出，若不能将之乎也者焉哉之字及种种前置之词，而代以寻常通用之语，欲求此效，势不可不待之于语言统一之后。仆未知足下之所谓通俗是否为宋儒之语录。但就鄙意，以为先取其通晓者运入之，凡不能代以俗语者，必力求其浅显，如避能而用克，舍其而用厥，舍何而用曷，避熟语而用生字，皆大可以不必也。

足下以我国近世文学之坏，坏于桐城派，诚然，诚然。然桐城派之影响，至于今而不绝者，实赖有姚姬传之《古文辞类纂》一书，以痡毒[①]于社会。昔之人欲售其主张，恒借其选本以树之鹄，非如现在坊间选本之无甚深义也。仆以为足下既张革命之军，突使一般青年观之，茫然莫得其标准之所在，则莫妙于取古今人之诗文，与吾宗旨稍近者，诗如李陵、陶潜及《古诗二十九首》[②]之类，文如黄太冲《原君》、王守仁《祭瘗旅文》之类，选为课本，使人知有宗向。由是以趋于改进，似更易为功也。不知高明以为何如？冗中书陈，未及详审，幸足下有以进而教之。

曾毅白

（二）答　书

曾毅先生：

惠书敬悉。过誉增惭。

尊意谓道即理，即物，亦即思想之内容，此盖“道”字之广义的解释，仆所极以为然者也。惟古人所倡文以载道之“道”，实谓天经地义神圣不可非议之孔道，故文章家必依附“六经”以自矜重，此“道”字之狭义的解释，其流弊去八股家之所谓代圣贤立言也不远矣。

①② 原文如此。

“言之有物”一语，其流弊虽视“文以载道”之说为轻，然不善解之，学者亦易于执指遗月，失文学之本义也。

何谓文学之本义耶？窃以为文以代语而已。达意状物，为其本义。文学之文，特其描写美妙动人者耳，其本义原非为载道有物而设，更无所谓限制作用及正当的条件也。状物达意之外，倘加以他种作用，附以别项条件，则文学之为物，其自身独立存在之价值不已破坏无余乎？故不独代圣贤立言为八股文之陋习，即载道与否，有物与否，亦非文学根本作用存在与否之理由。

欧洲自然派文学家，其目光惟在实写自然现象，绝无美丑善恶邪正惩劝之念存于胸中，彼所描写之自然现象，即道即物，去自然现象外，无道无物，此其所以异于超自然现象之理想派也。理想派重在理想，载道有物，非其所轻。惟意在自出机杼，不落古人窠臼，此其所以异于钞袭陈言之古典派也。

仆之私意，固赞同自然主义者。惟衡以今日中国文学状况，陈义不欲过高，应首以掊击古典主义为急务。理想派文学，此时尚未可厚非。但理想之内容，不可不急求革新耳。若仍以之载古人之道，言陈腐之物，后之作者，岂非重出之衍文乎？

鄙意今日之通俗文学，亦不必急切限以今语。惟今后语求近于文，文求近于语，使日赴“文言一致”之途，较为妥适易行。

读文选本，诚属要图。吾友沈尹默君（北京大学预科国文主任）方从事于斯，书成当与吾辈宗旨不相远也。此复。尚希续教。

独秀

一九一七，四，一

再答胡适之（文学革命）

（一）原　书

独秀先生左右：

今晨得《新青年》第六号，奉读大著《文学革命论》，快慰无似！足下所主张之三大主义，适均极赞同。适前著《文学改良刍议》之私意，不过欲引起国中人士之讨论，征集其意见，以收切磋研究之益耳。今果不虚所愿，幸何如之！此期内有通信数则，略及适所主张。惟此诸书，似皆根据适寄足下最初一书（见第二号），故未免多误会鄙意之处。今吾所主张之八事，已各有详论（见第五号），则此诸书，当不须一一答覆。中惟钱玄同先生一书，乃已见第五号之文而作者，此后或尚有继钱先生而讨论适所主张八事及足下所主张之三主义者。此事之是非，非一朝一夕所能定，亦非一二人所能定。甚愿国中人士能平心静气与吾辈同力研究此问题！讨论既熟，是非自明。吾辈已张革命之旗，虽不容退缩，然亦决不敢以吾辈所主张为必是而不容他人之匡正也。

顷见林琴南先生新著《论古文之不当废》一文，喜而读之，以为定足供吾辈攻击古文者之研究，不意乃大失所望。林先生之言曰：

> 知腊丁之不可废，则马、班、韩、柳亦自有其不宜废者。吾识其理，乃不能道其所以然，此则嗜古者之痼也。

“吾识其理，乃不能道其所以然”，此正是古文家之大病。古文家作文，全由熟读他人之文，得其声调口吻，读之烂熟，久之亦能仿效，却实不明其“所以然”。此如留声机器，何尝不能全像留声之人之口吻声调？然终是一副机器，终不能“道其所以然”也。今试举一例以证之。林先生曰：

> 呜呼！有清往矣！论文者独数方、姚，而攻掊之者麻起，而方、姚卒不之踣。

此中“而方、姚卒不之踣”一句不合文法，可谓“不通”。所以者何？古文凡否定动词之止词，若系代名词，皆位于“不”字与动词之间。如“不我与”“不吾知也”“未之有也”“未之前闻也”，皆是其例。然“踣”字乃是内动词，其下不当有止词，故可言“而方、姚卒不踣”，亦可言“方、姚卒不因之而踣”，却不可言“方、姚卒不之踣”也。林先生知“不之知”“未之有”之文法，而不知“不之踣”之不通，此则学古文而不知古文之“所以然”之弊也。

林先生为古文大家，而其论“古文之不当废”，“乃不能道其所以然”，则古文之当废也，不亦既明且显耶？

钱玄同先生论足下所分中国文学之时期，以为有宋之文学不独承前，尤在启后，此意适以为甚是。足下分北宋以承前，分南宋以启后，似尚有可议者。盖二程子之语录，苏、黄之诗与词，皆启后之文学，故不如直以全宋与元为一时期也。足下以为何如？总之，文学史与他种史同具一古今不断之迹，其承前启后之关系最难截断。今之妄人论诗，往往极推盛唐，一若盛唐之诗，真从天而下者。不知六朝人如阴铿，其律诗多与摩诘、工部相敌（工部屡言得力于阴铿，其赠李白诗，亦言“李侯有佳句，往往似阴铿”，则太白亦得力于此也），则六朝之诗与盛唐固不可截断也。此意甚微，非一书所能尽，且俟他日更为足下作文详言之耳。

白话诗乃蒙选录，谢谢。适去秋因与友人讨论文学，颇受攻击，一时感奋，自誓三年之内专作白话诗词。私意欲借此实地试验，以观白话之是否可为韵文之利器。盖白话之可为小说之利器，已经施耐庵、曹雪芹诸人实地证明，不容更辩；今惟有韵文一类，尚待吾人之实地试验耳（古人非无以白话作诗词者。自杜工部以来，代代有之；但尚无人以全副精神专作白话诗词耳）。自立此誓以来，才六七月，课余所作，居然成集。因取放翁诗“尝试成功自古无”之语，名之曰“尝试集”。尝试者，即吾所谓实地试验也。试验之效果，今尚不可知，本不当遽以之问世。所以不惮为足下言之者，以自信此尝试主义，颇有一试之价值，亦望足下以此意告国中之有志于文学革命者，请大家齐来尝试尝试耳。归国之期不远，相见有日，不尽所欲言。

胡适白

四月九日，作于美国纽约

（二）答　书

适之先生足下：

惠书敬悉。鄙意区分中国文学之时代，不独已承钱玄同先生之教，以全宋属之近代，且觉中国文学，一变于魏，再变于唐（诗中之杜，文中之韩，均为变古开今之大枢纽），故拟区分上古讫[1]建安为古代期，建安讫唐为中古期，唐、宋讫今为近代期。玄同先生颇然此说，不知足下以为如何？

改良文学之声已起于国中，赞成反对者各居其半。鄙意容纳异议，自

---

[1] 今作“迄”。本篇下文同。

由讨论，固为学术发达之原则。独至改良中国文学，当以白话为文学正宗之说，其是非甚明，必不容反对者有讨论之余地，必以吾辈所主张者为绝对之是，而不容他人之匡正也。其故何哉？盖以吾国文化，倘已至文言一致地步，则以国语为文，达意状物，岂非天经地义，尚有何种疑义必待讨论乎？其必欲摈弃国语文学，而悍然以古文为文学正宗者，犹之清初历家排斥西法，乾嘉畴人非难地球绕日之说，吾辈实无余闲与之作此无谓之讨论也！率复不宣。

独秀

一九一七，五，一

答刘竞夫（孔教）

（一）原　书

独秀先生足下：

顷读大著孔教问题，拜服之至。读公文而不翻然悟者，其必天下之丧心病狂者矣。愚谓孔教是否已成教，不待吾辈多所辨驳[①]，即彼孔教之徒，亦不敢自称已成也。何则？使孔教果已成教，则所争者仅定为国教与否而已。而彼辈乃哓哓先硬派孔子为教，然后再争国教之地位，是举国本不以孔教为教也。既不以之为教，尚何国教之可言？

譬之吾人立会，而欲于会员中推一人为会长，是人必已为会员，然后有被人推举之资格。今乃有人欲推会外之人为会长，而其人又不合于此会之性质（譬如会为化学会，而此人乃为文学家），则推举之者，势必先竭力鼓吹，谓此人为化学家而后可。今之争孔教者，何以异于是乎？

此辈全不明何谓宪法，何谓宗教，何谓国教。其视宪法乃如一纸诏书，而欲以一纸诏书，强令天下仍返于科举时代之状耳。故此辈心理，仍为恢复科举、恢复八股之心理而已。

夫此辈岂不曰吾国社会为孔子所支配已数千年乎？殊不知旧社会之伦理及家族之制度，皆我国上古社会所固有之制度，而非孔子之所创。孔子为何不生于泰西而生于中国？正以有中国古代之社会，始能产出如孔子之

---

① 今作“辩驳”。

人物耳。亦正以孔子生于中国之社会，不出奇立异，以招社会之嫉，如苏格拉底、耶稣之殉其所主张耳。故孔子为圣之时者，即以其能迎合社会也。

孔子之道，上不忤君，下不忤民，而惟不利于世家。世家之势力，终不能敌君主与社会之势力也明矣。且世家虽无孔子之排斥，依政治进化之公例，亦终必消灭。由是言之，亦非遂为孔子之大功也。

孔子既迎合社会，而非改良社会，故中国社会之支配，乃自由于相沿之习惯，而非由于孔子。执欧、美之途人而问耶稣，无不知者。吾国下等社会知有孔子者有几人耶？吾国下等社会，未尝不知人应孝父母，然而其知此，非由于诵孔子之书，亦非有人告以孔子尝如是言之，仍由于相沿之习惯耳。使有人不孝父母者，告以孔子，彼能畏而改乎？抑告以天堂地狱之说，彼始畏而改乎？孔子不能使人畏，而张天师、佛菩萨却能使人畏：此孔子不能支配社会之大证据也。

然则孔子所支配者果如何种人乎？亦惟四民中之士而已。原夫孔子自身即为士，生于世家柄政之时，自以草莽下士不得政柄，故视权臣为眼中钉，必欲除而去之。故孔子所说法，非为众生说法，只为士子说法。中华几变为官国，即食孔子之赐耳。

夫既非为众生说法，而为士子说法，则必尽国中为士子而后可。不然，虽举孔子之天经地义，尽纳于中华民国宪法中，亦不能使全社会胥蒙利益也。孔子毕生未尝与平民一接触，而亦未尝有是心。彼耶稣则何如？耶稣之所以死，即以其专爱贫民而与在高位者抗也。耶教之盛，其真因不外乎此。欧史具[①]在，可以证之，固非吾之谰言矣。因读大著有所枨触，不觉言之繁芜如此。苟有以教正之，则幸甚矣。

刘竞夫白

---

① 今作“俱”。

（二）答　书

竞夫先生：

尊论比计孔、耶诸教为益社会之量，鄙意极以为然。宗教[①]之价值，自当以其利益社会之量为正比例。吾之社会，倘必需宗教，余虽非耶教徒，由良心判断之，敢曰推行耶教胜于崇奉孔子多矣。以其利益社会之量，视孔教为广也。事实如此，望迂儒勿惊疑吾言。

独秀

一九一七，五，一

---

① 原文如此。依文义改为“宗教”。

再答俞颂华（孔教）

（一）原　书

独秀先生座右：

辱承不弃葑菲，赐以裁答，说理缜密，感佩良深。今尊论之前提，与仆之所持者大相径庭，所得结论，缘是异趣，似无复讨论之余地。然又不能已于言者，盖假定尊论之大前提无误，所得断案是否确切，仆尚不能无疑也，请略为言之。

窃以为吾国之宗教源于天，所以圣人配天，视为天之使命，拟孔子为天之木铎，是明明以天之使命属诸孔子。孔子虽不语鬼神，而其于天人之关系，又未尝不形诸教义。《中庸》开篇即曰："天命之谓性，率性之谓道，修道之谓教。"夫率性与修道并举，天命与设教对引，与欧文字书以 bind a new or back 诂宗教之字源，适相符合，皆所以明天人关系也。且也，吾国古时之宗教思想，乃为复一神的，以天为最高之主宰，其下复设有种种神祀。孔子所以言天道者，盖为敬天也。其不语神怪者，以其视种种神祀属诸神话故耳，盖亦敬天也。缪勒氏（Max Müller）言之綦详（参见 *Introduction of the Science of Religion*，pp. 126—144）。然则孔教又未尝无命令的拟人格的主宰，不亦彰彰明乎？此仆之所以终不能无疑于先生之论也。

孔子之教义，言人事居多，语天人之关系者盖寡，无可讳言。仆不谓为一神教，而谓之凡神的伦理的宗教，正坐此耳。先生之所以诋孔为宗法社会之道德，不适于现代生活，既闻命矣。窃谓欲变吾国宗法之习俗，则打破大家族制度最为要端（仆不自量，思于家族制度究其得失以告邦人。他日成文，或当呈正），不在一味诋孔。

夫孔教之伦理学说，在今日诚有不可取者存（孔教教义不止伦理学说，其伦理学说亦非全与现代生活不合）。仆前书所谓可改良者，即冀忠于孔教者，于此发愤改革也。宗教之教义固属无形的，然其形式（宗教上祀典种种）乃有形的，亦犹文学[①]之分思想与文字部分也。今先生既恶宗法社会之道德，胡不于此点促孔教教徒之反省，忠告而善导之？即不然，奋椽笔以提倡小家族制度，或能事半而功倍。若必欲废弃孔教，以为改革宗法习俗之终南捷径，遑论填海移山，事有未易，就令能之，旷日弥久，恐收效反迟。况孔教非绝无可取之点，先生亦承认之。若并此可取之点，一律删夷，先生其忍之乎？

顺社会的惰性（Social Inertia）而徐图改善者易为力，逆社会的惰性而思创造者难为功。罗蓬氏曰："无古之传说，不能有文明之开化。不废弃古说，又不能有进步。故欲于此中静动之间，谋所均衡，实属事之至难。"又曰："民众乐于竺旧，其保守旧制也，苟能于不知不觉间逐渐改善，最为足尚。"（*The Crowd* by Gustave Le Bon，pp. 93—94）乃先生欲革宗法之习俗，而惟孔是排，是何异舍易就难，欲速反缓。仆虽不敏，窃为先生惜之。

抑仆又有与先生所见不敢苟同者，即先生若论及宗教，一切皆非之。仆则以为宗教在现社会尚有存在之价值。无论物质的文明若何发达，苟社会国家未臻理想上完全之境界，则蚩蚩者氓，其精神上不能无所信仰，以与物质的文明相调和。若在吾国，物质的文明过不发达，似无需提倡宗教。然方今人心玩愒，世风浇漓，教育犹未普及，仍不能无待于宗教以资

① 原文为"文字"。依文义改为"文学"。

救济。鄙见如此，先生必否认之。惜在吾国未闻有大宗教学家与大哲学(家)[①] 者，不则仆将不远千里，裹粮挟贽以从，以一证鄙说之果有当否也。

凡此所言，亦各道其所见云尔，非敢自是也。真理所在，自当服从。倘蒙进而教之，则为幸多矣。

此颂

撰安。

俞颂华白

四月二十一日作于东京旅次

（二）答　书

颂华先生：

洛诵惠书，无任欣感。好学深思若足下者，仆虽备蒙教斥，窃所愿焉。惟愚见终有不敢苟同者，尚希进而教之。

第一，今之人类（不但中国人）是否可以完全抛弃宗教，本非片言可以武断。然愚尝诉诸直观，比量各教，无不弊多而益少。是以笃信宗教之民族，若犹太，若印度，其衰弱之大原，无不以宗教迷信为其文明改进之障碍。法兰西人受旧教之迫害，亦彼邦学者所切齿；其公教会与哲人柏格森，俨如仇敌。此乃宗教之弊，事实彰著，无可讳言。

至于宗教之有益部分，窃谓美术、哲学可以代之。即无宗教，吾人亦未必精神上无所信仰，谓吾人不可无信仰心则可，谓吾人不可无宗教信仰，恐未必然。倘谓凡信仰皆属宗教范围，亦不合逻辑。此仆所以不信“伦理的宗教”之说也。吾国人去做官发财外，无信仰心，宗教观念极薄

① 原文漏“家”字，今依文义补。

弱。今欲培养信仰心，以增进国民之人格，未必无较良之方法。同一用力提倡，使其自无而之有，又何必画蛇添足，期期以为非弊多益少之宗教不可耶？此愚所以非难一切宗教之理由也。

复次则论孔教。孔教教义，多言人事，罕语天人关系，亦足下所云然。良以中国宗教思想，渊源甚古。敬天明鬼，皆不始于孔氏。孔子言天言鬼，不过假借古说，以隆人治。此正孔子之变古，亦正孔子之特识。倘缘此以为敬天明鬼之宗教家，侪于阴阳、墨氏之列，恐非孔意。性与天道，赐也多闻，其他何论？欲强拉此老属诸宗教家，岂非滑稽？缪勒氏于印度宗教亦未必了了，遑论中国，其言乌足据耶？《中庸》天命、性、道、教四者联举，是为一物。以性释天命，则所率所修，均不外此。下文又云："道不可离，可离非道。"是盖与老氏道法自然、西哲所谓宇宙大法相类。天性以外，绝无神秘主宰之可言。乌可以其有天命与教之名词，遂牵强以为宗教也？

孔子生于古代宗教思想未衰时代，其立言间或假古说以伸己意。西汉儒者，更多取阴阳家言以诬孔子，其实孔子精华，乃在祖述儒家，组织有系统之伦理学说。宗教立学，皆非所长。其伦理学说，虽不可行之今世，而在宗法社会封建时代，诚属名产。吾人所不满意者，以其为不适于现代社会之伦理学说，然犹支配今日之人心，以为文明改进之大阻力耳。且其说已成完全之系统，未可枝枝节节以图改良，故不得不起而根本排斥之。盖以其伦理学说，与现代思想及生活绝无牵就调和之余地也。即如足下所主张之改良家族制度，倘孔教之伦理学说不破，父子析居，则有伤慈孝；兄弟分财，则有伤友恭。欲笃信孔教之民族打破大家族制度，其事如何可行？足下欲奋如椽之笔，提倡小家族制度，以为事半功倍，不知将何说以处孝弟之道？倘无说以处之，特恐事倍而功半耳。

吾人讲学，以发明真理为第一义，与施政造法不同。但求别是非、明真伪而已，收效之迟速难易不容计及也。哥白尼倘畏难而顺社会的惰性，何以发明天象？哥仑布倘畏难而不逆社会的惰性，何以发见新世界？一切科学家、哲学家倘畏难而不肯违反俗见，何以有今日之文明进步？真理与俗见，往往不能并立。服从真理乎？抑服从俗见乎？其间固不容有依违之余地，亦无法谋使均衡也。高见如何，尚希续教。

独秀

再答钱玄同（译音）

（一）原　书

独秀先生鉴：

《新青年》二卷四号有大著《西文译音私议》，近阅《旅欧教育运动》，中有蔡孑民、李石曾两先生之《译名表》，复由友人转示俞凤宾君《对于译音之商榷》一文，虽所用方法各不相同，而欲冀统一译音之意则一。弟对此事，却别有一种意见，敢以奉质，幸辱教焉。

弟以为凡用中国字译西文人名地名，万难一一吻合。其故因字音之理，母音可单独成音，子音不能单独成音，必赖母音拼合，始能成音。中国文字之构造，系用六书之法，与西文用字母拼成者绝异。西文由字母拼成，故子音不能成音，虽不可成字，却可成字母。中国既无字母，则凡已成之字，或为纯粹母音，或为子母成合之音，决无单有子音而不具母音之字，因单独子音既不能成音，即断无此字也。西文子音虽不能单独成字，然因其语言为复音语，故以 b，d，f，g，k，l，m，n，p，r，s，t，v，x，z 等字为一音前后之介音余音者甚多。遇此等字，若欲以刚刚恰好之汉字译之，是断断做不到的事情。一般译法，以为用“夫”“甫”等字译 f，“克”“忒”等字译 k，t，“司”“斯”等字译 s，“而”“儿”等字译 l，r，便算十分工切。其实上列各字，其下皆有母音，绝非单独子音字也。

若然，则以汉文译西音，遇此等字，万无译准之理（普通以“姆”译 m，以“痕”译 n，此其牵强，固众所共知）。此外如 ga，gu，ge，go，za， zu，ze，zo 之类，亦无适当之字可译，因中国“群”“斜”二声类无开合二呼也。

抑尤有进者：即使上列诸困难，想出一种迁就的方法，如“夫”“甫”“司”“斯”“而”“儿”等字，其下虽有母音，以现在读法，大多数都已读得同没有母音一样。“克”“忒”二字，因是入声，其下母音较不分明，姑且当他子音用。而 ga，za 等字，“群”“斜”二声，既无开合二呼，或以齐撮二呼摄代，或借用其清声之“见”“心”二类之开合呼。然尚有一种困难，则字字译出，音长者字必多，在西文止一字母或二字母者，汉文即须用一整个之字，有时笔画或又不得不用繁复者。如此，则音读既未能收完全正确之功，反有佶屈聱牙难读之苦，书写之费时间又四五倍于写原文，则其不便也何如？

故弟意以为译音总是没有绝对的良法，则与其设为种种限制，某字定译某字，或音仍不能准，或逐字对所定之表移译，弄得噜苏麻烦，［如 Kropotkin 一字，依大著译，则当作“克罗坡特□”（尊表于 kin 字空不填字）；依蔡、李之表译，则当作“克老卜脱坎”；又一般所译，或作“苦鲁巴特金”，或作“克若泡特金”］，还是不能讨好，何如别想他法，不拘拘于译音之正确与否乎？

所谓别想他法者，弟以为有两种办法：（1）竟直写原文，不复译音。（2）译音务求简短易记。第一法，凡中学毕业后所用高等书籍，均可照此办理。因凡在中学毕业之人，无论如何，决无不懂西文拼音之法者。既懂西文拼音之法，则人名地名写了原文，一样能看，无须移译。虽然，外国人名如华盛顿、拿坡仑、达尔文、瓦特、奈端之类，外国地名如伦敦、柏林、纽约、巴黎、格林威治之类，国民学校教科书便须讲到，此则不能不乞灵于译音。高等小学中虽有英文，然程度极浅，发音变化也还讲不了多少，故高小中学教科书仍不能不译音（惟中学教科书于译音之下，当兼注原名，小学则可不必）。此类译音之字，应用若干，大致可以配定。我谓可一一尽译，列成一表，以后凡编中小学教科书者，悉宜遵用，纵有不合，亦不得改，以期统一而免纷更。此表可由教育部制定颁行，仿日本文部省颁定之制。（日本凡文部省规定之课名，学者著书、学校教本，一切遵用，虽讹，亦不更改。如 England 既定为イギリス，决不再改为イグダテンド也。）其译法务求简短。吴稚晖先生曾谓最好将外国人名地名译得像一中国人名、中国地名，则免钩辀格磔、佶屈聱牙之病。故译 Shakespeare 为叶斯壁，译 Kropotkin 为柯伯坚，译 Franklin 为樊克林，译 Tolstoi 为陶斯泰。我昔曾反对之，以为未免失其本真。由今思之，此实是简易之良法，惟人名第一字，似不必译成中国之姓耳。诚能将中小学校教科书中所需用之人名地名悉数依照此法译定一表，期以实行，岂不简便易记乎？（惟旧译之已经用惯者，如拿坡仑、华盛顿、克林威尔、加富尔之类，自当遵用，决无须再改，反致纷扰。）若虑与原音不相吻合，则宜知即改"叶斯壁"为"莎士比亚""索士比亚"，改"柯伯坚"为"苦鲁巴特金""克若泡特金"，改"陶斯泰"为"托尔斯泰""杜尔斯德"，还是不准。而彼则不准而繁复难记，此则不准而简便易记，两害相权取其轻，无宁谓之此善于彼矣。

且人名地名，原不过一种记号，但使社会通行，人人皆知，则用不准之译音，固与用极准之原文毫无二致。今如 Scotland 之为苏格兰，Portugal 之为葡萄牙，Newton 之为奈端，Kant 之为康德，人人习用已久，共知其为何处地方、何等样人，与写原文 样。故苟知叶斯壁之为十六世纪末叶之英国文学家，柯伯坚之为现代俄国无政府党，即与写 Shakespeare、Kropotkin 无异。

如上所言，是写不准之译音，与写原文无异。然则中学以上之书，何以又须写原文乎？曰：其人既有中学以上之程度，自可看西文原书，故不如直用原义，冀看原书时可以多一点便利。且高等参考书籍，人名地名较多，一一移译，未免麻烦，既能读其原音，何妨省此一番手脚？若中学以下，则因大多数不能深造于学（纵或有习浅易实业者，然当惜其脑力，不可令其专鹜[1]于牢记无谓之人名地名拼法也），故不可径书原名，以苦其所

---

① 今作"骛"。

难。言非一端，义各有当也。

或曰高等书籍写原文，固为便利；然中文直下，西文横迤，若一行之中有二三西文，譬如有句曰：

“十九世纪初年，France 有 Napoleon 其人。”①

如此一句写时，须将本子直过来横过去，搬到四次之多，未免又生一种不便利，则当以何法济之？曰：我固绝对主张汉文须改用左行横迤，如西文写法也。人目系左右相并而非上下相重；试立室中，横视左右，甚为省力，若纵视上下，则一仰一俯，颇为费力。以此例彼，知看横行较易于直行。且右手写字，必自左至右，均无论汉文西文，一字笔势，罕有自右至左者。然则汉文右行，其法实拙。若从西文写法，自左至右横迤而出，则无一不便。我极希望今后新教科书从小学起，一律改用横写，不必专限于算学、理化、唱歌教本也。既用横写，则直过来横过去之病可以免矣。此弟对于译音之意见，足下以为何如？

钱玄同白

五月十五日

（二）答　书

玄同先生：

仆于汉文改用左行横迤，及高等书籍中人名地名直用原文不取译音之说，极以为然。惟多数国民，不能皆受中等教育；而世界知识又急待灌

---

① 原书竖排。竖排英文时，字母顺时针旋转90°摆放，故下句说“须将本子直过来横过去”。

输。通俗书籍、杂志新闻流传至广，关系匪轻，欲废译音，势所不可。由教育部审定强行，虽是一法，而专有名词，日新未已，时时赓续为之，殊不胜繁琐。鄙见与其由部颁行一定之译名，不若颁行一定之译音，较为执简驭繁、一劳永逸也。译音固不易恰合，但由部颁行，自趋统一。足下所谓纵有不合，亦不得改，以期统一而免纷更是也。仆所拟译音之字，固不必尽是，而立法似未可非。倘获通人之改正，由部颁行之，后之译者按表译音，较之人人任意取舍，不稍善乎？汉字母音未定，各字发音固皆声韵二音所合，以之译 b，c，d 等声固有未当，然以之译声韵合成之 ba，ca，da 等音似无不可。即有未合，而文字符号耳，由部颁行，以期统一，不愈于人自为之乎？高明以为如何？

独秀

一九一七，五，一

答李亨嘉（对德宣战）

（一）原　书

记者足下：

贵志持诸子平等，不尚一尊，及文学改良务求显易二义，竭精殚虑，不厌求详，可谓能见其大，当务之急。持论亦复平允，吾无间言。独是最近如对德外交一文，极力主张宣战，仆虽无似，窃有怀疑。倘能启发愚蒙，岂特一人之幸？

夫德以军国主义破坏世界和平，又以潜艇战争扰及中立诸国，吾既屡受损害，为公理计，为自卫计，毅然宣战，宁得谓狂？然一国之外交，不第视其正谊如何，亦复视其实力如何。日人之于郑家屯，法人之于老西开，按诸义理，岂不可与宣战？而终至于让步者，讵非以实力不足乎？今使吾国确有战斗之能力，则虽加入协商[①]以战强德，在名义为维持公法，在事实为缩短战争，一举而足重轻，吾何为而不尔？而我国实力则何如者？

或谓德无余力兼顾东方，吾可宣而不战，此等理论，诉之逻辑，庸非滑稽？今有甲、乙、丙三人于此，甲则孔武有力，无理取闹，以与乙斗，且凡过其地者，甲皆痛击无遗。丙为二人之友，亦以过其地而为甲所击伤。而丙实一病夫，不敢与战，顾谓甲曰：“吾战汝。”又谓乙曰：“吾助

① 原文如此。本篇“协商”“协约”并用，为保持原书风貌，均从原书。

汝攻之。”于是时以木屑草头自远投甲，于乙无益，于甲亦岂有伤乎？今之宣战，何以异是？盖吾之足为协约助者，不过工人、粮食。然此区区者，虽不宣战，吾尚可以勉为。与其宣战而无损于德，何如不战而有利于协商？

至大著所持理由，不外谓对外可以增进国际资格，联络协约感情，对内可以振奋精神，力图对外。仆则以为前者吾既抗议绝交，可以已矣。若画蛇添足，强人所难，当亦为协商诸国所不取。至后者所谓对外，恐适成仇外之代名。足下试察国民心理若何，当不谓仆诪张为幻。故仆疑足下所持理由甚不充分。

总之，吾国自甲午之役，以至英法联军，八国联军，及国内三次革命，国民已如惊弓之鸟，其讳言宣战，固亦情理之常。故一闻宣战之声，即百货停滞。究竟政府有何不得已，必欲为此虚名之宣战，而实受损失于无形？贵志代表舆论，正宜极力反对。今反为赞成，仆实百思不解。

夫近人论外交，谓宜举国一致，诚然，诚然。但所谓一致者，当以少数服从多数，而决非以多数服从少数。今对德宣战，为多数之国民意思，抑少数之执政主张，又不待蓍决矣。至于有无条件之加入，仆以为既无实力可以言战，又乌有实力以为条件之保证乎？然则条件之有无，俱不可以言战也。仆之私见如此，不敢云辩论，亦聊以质正耳。进而教之，所厚望焉。

李亨嘉白

（二）答　书

亨嘉先生：

苟安忍辱，恶闻战争，为吾华人最大病根，数千年来屈服于暴君异族之下者，只以此耳。今之对德宣战，非以图近利（加关税、缓赔款之类），非以助协约，非以报小怨（夺青岛之类），亦非以主张公理拥护公法，正欲扑彼代表帝国主义侵略政策之德意志，使彼师事德意志诸国，知无道之强权不可滥用，然后吾弱者始有偷生之余地耳。至于实力能胜任与否，在理论上不成问题，在事实上非单独与德宣战，殊无绝对失败之理。且既已绝交，势难反顾。日攻青岛以来，吾国已非中立，今仍欲骑墙，祸更不测。

吾国民偷目前之苟安，无远大之策略，欲以民意决定外交方针，愚所绝对不敢赞同者也（不但中国如此）。若国之大政，必事事少数服从多数，则吾国之恢复帝政，垂辫缠足，罢学校，复科举，一切布旧陈新之事，足下能保不为多数赞成乎？

本志宗旨，重在反抗舆论。来书所谓代表舆论，乃同流合污、媚俗阿世之卑劣名词，记者所不受，不忍受也。

独秀

一九一七，五，一

答胡子承（思想革新）

（一）原　书

独秀先生大鉴：

屡读大志，深佩卓识。此时吾国凡百事业，靡不失败。其大原因，皆由思想未曾革新致然。盖思想为事实之母，社会事实之总和必等于社会思想之总和，此自然公例，无何逃避。

仆尝太息痛恨于此日中国之教育，大多数为伪教育，以其形式则是而精神则非。一般教育者与被教育者，其脑筋中固仍然未变革其数千年来污浊之思想也。以故兴学垂二十年，而迄鲜效果可言。严译《群学肄言》有云："民质不良，祸害可以易端，而无由禁绝。"每诵斯语，蠹然神伤。

今先生所主张之救国主义，独从改革青年思想入手，此诚教育之真精神所寄。必一般青年湔除其数千年来污浊之思想，而发生一种高尚纯洁适于世界二十世纪进化潮流之思想，然后吾国前途之新国民，乃能崭然露头角于新世界，而有以竞存而图强。

自来学说之力，足以左右世界；以先生之大雄无畏，推翻数千年来盘踞人人脑筋中之旧思想，而独辟町畦，以再造新中国，仆深信大志《新青年》出版之日，乃真正新中国之新纪元也。

夫真理者，最后之战胜。此次欧战结果，恐欧洲学者之思想界，尚有不适于用而亟待革新者，而何况吾中国？

世界无尽，吾愿无尽，安得常与先生晤对一堂，俾共研求此最可宝贵

之真理耶！率臆妄陈，惟先生有以教之，幸甚。专此，

只请

道安。

弟胡晋接鞠躬上

（二）答　书

子承先生左右：

辱赐书，过蒙奖励，且矜且惭。先生讲学万山中，不识世俗荣利为何物，所遇门下诸贤，大都洁行而朴学，知先生之德教感人也深矣、溥矣。以硕德名宿如先生者，道破旧式思想之污浊，提倡教育精神之革新，新教育、真教育之得见于神州大陆也，当为日不远矣。

吾国今日教育界之现象，上焉者为盲目的国粹主义，下焉者科举之变相耳，此先生所谓伪教育也。现代西洋之真教育，乃自动的而非他动的，乃启发的而非灌输的，乃实用的而非虚文的，乃社会的而非私人的，乃直视的而非幻想的，乃世俗的而非神圣的，乃全身的而非单独脑部的，乃推理的而非记忆的，乃科学的而非历史的。东洋式之伪教育，胥反乎此，欲求竞进，乌可得哉！先生倘以为不谬，尚希时赐教言，且指斥所不备，幸莫大焉！

独秀谨复

一九一七，五，一

答张护兰（文学革命与道德）

（一）原　书

独秀先生足下：

屡读大志，获益良多。中国文学倘不革命，即中国科学亦永无发达之日。以中国现在之文字，学现在世界之科学，欲其进步，殆绝不可能之事。盖吾国文字，乃古时之文字，惟宜对古人用之，不宜用以求今之科学也（数语见《教育公报》所载梁任公之演说）。然凡事破坏易而建设难。愿先生今后之论调，当稍趋于积极的建设一方面：如何如何而后可以使言文渐相一致，如何如何而后可以使中国文学开新纪元。至学校课本宜如何编纂，自修书籍宜如何厘定，此皆今日所急应研究者也。惟此外仆不能不怀隐忧者，为他日之反动力。以仆悬测，厥有三种：

（一）老学究均八股中人物，其头脑之冬烘，深不可拔。前清废科举，改策论，彼辈慑于天威，故腹诽之而不敢形于言辞。今骤闻此文学革命，则彼辈感于斯文之将丧，必痛哭流涕；痛哭流涕之余，乃施其破坏手段；国人意志薄弱，鲜有不被其惑者。

（二）一知半解之学生对于文学早有一种成见。以为文必求古，字必求奥；圣经贤传，中国之粹；国粹若亡，国何以立？平日又受顽固教师之诱迪，益坚其信。吾辈之言，当然被斥为妄谈。

（三）一般赞成改革文学者，并承认小说词曲实系文学正宗，“十三经”等乃陈死人之言，宜于古而不宜于今，火之可也。又知先生等对于中国小说曾加以批评，于是《红楼梦》为其公余研究正课，《西厢记》为其参考书，天天宝哥哥，日日林妹妹，人戒之，则曰：“我将于此修炼我词句，发展我思想。子不知小说为文学正宗耶?”

上述三种反动力，仆深信将来当然发生者。故预防之法及遏止之方，亦不可不先筹画者也。

仆尝谓我国文学，病在虚饰。此于道德问题，大有关系。我国人处世接物，每多出以诈讹。循至文学，亦落此弊：摹古人，琢字句，只求外观琳琅，至内容之合理与否，素不过问。有时良心上欲作一二诚恳语，然格于习俗，仍不得不故意花言巧语。盖我国人言行不一致久矣。国人亦并不以此为非，或更从而演绎之。教者务使言行不相一致，而学者亦力求言行相歧，否则恐不能见容于社会。故仆以为国人之道德，倘素重诚实，则文中偶用对仗，或偶杂古典，必纯出自然，并不加以雕琢，亦何伤也?

今先生力排古典，力斥摹仿，此系快刀斩乱丝，不得不然。但仆以为尚系治标之策，将来未必发生若何影响。仆以为处今日而言文学革命，当与道德革命双方并进。盖国人之道德既趋于诚实之途，则对于种种花言巧语，自认于道德有亏，必力避之。人人有此自觉心，则文学革命可收事半功倍之效矣。质之先生，以为然否？尚乞教正。馀不白。

张护兰上言

（二）答　书

护兰先生：

“不诚实”三字，为吾国道德、文学之共同病根。一经足下揭破，其有不以足下之言为然者，必其人不诚实者也。

旧文学与旧道德，有相依为命之势。其势目前虽不可侮，将来必与八股科举同一运命耳。

独秀

一九一七，五，一

答《新青年》爱读者（孔教）

（一）原　书

记者足下：

贵志指斥孔教不宜于现代生活，痛快之至。近读第四期《公民杂志》培风君《孔子之道与今日之中国》一文，盛称孔道，且云“我国今日，非行孔子之道不足以自救”。其重要论点，在礼非孔子之道，孔道重忠恕；中国万事之败坏，皆在不忠恕；故欲救中国，必行孔道。其言当否，乞有以教之。

《新青年》爱读者上

（二）答　书

《新青年》爱读者：

记者前获上海友人书，云《公民杂志》有一长文驳正本志非孔意见。当时闻而乐之，以为必有崇论宏议，足资攻错也。近购而读之，乃大失望。培风君之文，其要点不独于记者之说少所驳正，且竟完全赞同，使记者不获闻反对之快论，是以失望也。

记者之非孔，非谓其温良恭俭让信义廉耻诸德及忠恕之道不足取；不过谓此等道德名词，乃世界普通实践道德，不认为孔教自矜独有者耳（参观《宪法与孔教》论文）。士若私淑孔子，立身行己，忠恕有耻，固不失为一乡之善士，记者敢不敬其为人？惟期期以为孔道为害中国者，乃在以周代礼教齐家治国平天下，且以为天经地义，强人人之同然，否则为名教罪人。

前记者答俞颂华君书有云：“孔子精华，乃如祖述儒家组织有系统之伦理学说，宗教玄学皆非所长。其伦理学说虽不可行之今世，而在宗法社会封建时代，诚属名产。吾人所不满意者，以其为不适于现代社会之伦理学说，然犹支配今日之人心，以为文明改进之大阻力耳。”今培风君亦云：“礼果为孔子之道，则孔子之道诚不可用于今日。”是其所主张者，已与记者无殊；所不同者，其假定之前提，乃不以礼为孔子之道耳。

夫以礼非孔子之道，诚属创闻。儒家重礼，见薄于老、庄，其言其事，不始于今日。若言礼不始于孔子即非孔子之道，岂以忠恕之道为孔子所发明，前人未之言耶？细读培风君之文，知其于国学造诣尚浅，又不若康南海以礼教代法治之说，尚成一家言，有一驳之价值也。培风君倘能详实证明孔子不重礼教，亦记者之所愿闻。

独秀

一九一七，七，一

再答吴又陵（孔教）

（一）原　书

独秀先生足下：

前著《儒家大同之义本于老子说》，今又得三证：

吕东莱与朱元晦书曰："蜡宾之叹，自昔前辈共疑之，以为非孔子语；盖不独亲其亲，子其子，而以尧、舜、禹、汤为小康，真是老聃、墨翟之论。"东莱以为老聃之论，直不认为孔子语，一证也。

朱子《语类》云："《礼运》言三王不及上古事，人皆谓其说似庄、老。先生曰：《礼运》之说有理三王，自是不及上古。又问《礼运》似与《老子》同，曰：不是圣人书。胡明仲云：《礼运》是子游作，《乐记》是子贡作。计子游亦不至如此之浅。"朱元晦认《礼运》非孔子书，且非子游作，而或以为似《庄》《老》，或以为与《老子》同，二证也。

李邦直《礼论》曰："《礼运》虽有夫子之言，然其冠篇言大道与三代之治，其语尤杂而不伦。其言曰：'大道之行也，天下为公。人不独亲其亲，不独子其子，如是而谓之大同。'又曰：'大道既隐，天下为家。各亲其亲，各子其子，如是而谓之薄俗。'又曰：'礼义以为纪，以正君臣，以笃父子，以睦兄弟，以和夫妇：如是而谓之起兵作贼谋乱之本。'① 以禹、汤、文、武、周公之治而谓之小康。郑氏释之，又以老子之言为之证，故不道小康之说。果夫子

① 原文如此。与《礼运》原文相较，引文有省减。

之遗言，是圣人之道有二也。”李氏此论，见《圣宋文选》。其意以为圣人之所以持万世与天地长久而不变者，君臣父子而已。不认大同小康之说为孔子之遗言，而又以郑康成《礼运注》引《老子》为有所牵惑，不悟郑氏以《老子》注《礼运》，正足以证明大同小康之义，原本于《老子》也。此三证也。

至是而儒教徒据《礼运》大同之义，为儒教合于共和之护符，可以休矣。然则不佞之主张，古人多有先我而疑之者，固不仅陆希声、王介甫解《老》之说足以证明也。乞附入通讯，与拙著前说互证。

即颂

撰安。

弟吴虞谨启

（二）答　书

又陵先生：

惠书敬悉。

《礼运》大同之说，古之孔教徒鄙弃之，以为非圣人之言，以为虽子游亦不至如此之浅，以为杂而不伦；今之孔教徒以求容于共和国体，故不得已乃尊重昔之所鄙弃者，以为圣人之大义微言，以为孔子之所以师表万世者以此。此即所谓孔教改良耶？所谓孔教进化耶？抑何丑陋至于斯极也！

鄙意尤有进者：即使《礼运》出于孔子，而所谓“大道之行，天下为公，选贤与能”者，乃指唐、虞禅让而言。大同之异于小康者，仅传贤传子之不同，其为君主私相授受则一也。若据此以为合于今之共和民选政制，是完全不识共和为何物，曷足与辨①哉！

独秀

一九一七，七，一

① 今作“辩”。

答顾克刚（政治思想）

（一）原　书

独秀先生惠鉴：

披读大志，已一年有半矣。蒙灌输新思想，亦岂浅鲜[①]！愧无以报，故作此函。

鄙人近来细阅大志，似乎三卷之内容，不若二卷；而二卷《新青年》，犹不若一卷之《青年杂志》也。进化公例，恒后来居上，而贵杂志反之，仆诚惶恐。惟仆学识鄙浅，所言者或恐失之诬。如先生以为然，则改之；先生以为否，则教之可耳。敢布鄙意如下。

一卷之文重学说，二三卷之文重时事。述学说者，根本之图也；评时事者，逐末之举也。教诲青年，当以纯正之学说巩固其基础，不当参以时政，乱其思想也（即以孔教问题而论，若是否可为青年修身之大本，固在学说范围；至于是否可定为国教，已入政治范围矣。若《东西民族根本思想之差异》及《伦理的觉悟》等文，固学说之论也；至于驳康氏书及《孔教与宪法》等文，则时事之评也）。且今之政局，形式而已，既不足责，亦不足惜！亡亦无损，存亦无益。盖今日所存之形式，谓之已亡，亦不谓过。所存一线之生机，惟在后进之青年耳。

素闻先生以改造青年之思想、辅导青年之修养为天职。批评时政，非

① 原文如此。

其旨也。惟冀国民思想根本之觉悟，则先生之负任，远在黎、段之上。黎、段之用心，惟在挽形式之不亡；先生之用心，当在挽精神之不衰焉。故仆非强先生以不言时事，良以先生多一句时事，必少一句学说。今先生尽力吸收西洋文明，将新道德、新学说一一灌输于我青年，惟恐不给，岂暇他骛而道及时政哉？竭诚呈辞，以报盛德，还望先生垂教之。

爱读《新青年》吴人顾克刚上

（二）答　书

克刚先生：

愚非迷信政治万能者，且以为政治之为物，曾造成社会上无穷之罪恶。惟人类生活，既必经此阶级，且今方在此阶级中，则政治不得不为人类生活重要部分之一。倘漠视之，必为其群进化之最大障碍。盖一群之进化，其根本固在教育、实业，而不在政治，然亦必政治进化在水平线以上，然后教育、实业始有发展之余地。

例若今日之中国政象如斯，吾人有何方法从事于教育、实业之发展乎？中国政治所以至此者，乃因一般国民雅不欲与闻政治，群以为政治乃从事政治生活者之事业，所以国民缺乏政治知识、政治能力，如外人所讪笑者。而今而后，国民生活倘不加以政治采色[①]，倘不以全力解决政治问题，则必无教育、实业之可言，终于昏弱削亡而已。

本志主旨，固不在批评时政，青年修养亦不在讨论政治，然有关国命存亡之大政，安忍默不一言？政治思想学说，亦重要思想学说之一，又何故必如尊函限制之严，无一语阑[②]入政治时事范围而后可也？德意志、俄

① 原文如此。今作“彩色”。

② 原文为“攔”（拦）；攔，古也作“阑”，故改为“阑”。

罗斯之革新，皆其邦青年学生活动之力为多。若夫博学而不能致用，漠视实际上生活之凉血动物，乃中国旧式之书生，非二十世纪之新青年也。

独秀

一九一七，七，一

答陶孟和（世界语）

（一）原　书

独秀先生鉴：

近年以来，沪上颇有以世界语号召国人者。读《新青年》之主张，及新闻之所报道，青年学子颇有风向之势。最近蔡孑民先生返国，提倡斯语，既不遗余力，而钱玄同先生辩护世界语之功用，预测世界语之将来，尤属言之成理（见《新青年》第三卷第四号通信栏中）。其能辟吾国文士之旧思想，钦佩无似。履恭不敏，对于世界语，夙抱怀疑之观。犹忆壬子之夏，与怀中同游巴黎，遇国人某君，与共[①]辩驳世界语之无用。某君卒无以应。怀中当或忆之。今请更以曩日所持之理，以质诸钱玄同先生。足下其许之乎？

今欲评论世界语之价值，当分别三种观法：（一）自理论之言语学之方面观，（二）自民族心理之方面观，（三）自世界语之功用方面观。一种言语之善否，未易言也。言语学者乃遍究各民族之语言，志取其美点，定为原则，故言语之利便与否，文法之适用与否，不得不依专门家之判断，视其与言语原则之关系何似。世界语之单语，袭取欧洲各国成语，漫无秩序；而文法之构成，若宾格（Accusative Case）之存在，皆言语学者所视为最不完全之点。至其语之太近似于意、法、西、葡诸国语言，今于罗马支派诸语（Romance Language）存在之际，而加以无端之扰乱，尤为

① 原文如此。疑为“其”。

学者所不取。说者谓世界语在已存之人造的国际语中，固简而明；以言语学理律之，犹未纯也。

右[①]兹所述，犹为本问题之小端。吾于言语学乃门外汉，焉敢摭拾一二人之言，即据其权威，而施诸此经过三十星霜之言语？（按柴门霍夫之著，最初见于一八八七，屈指计之，迄今适当三十年。）吾人当于言语其物之外之上，而更加以推究。夫一种之言语，乃一种民族所借以发表心理、传达心理之具也。故一民族有一民族之言语，而其言语之形式内容，各不相同，语法不异[②]，而所函括[③]之思想观念亦复不齐。盖各民族之言语，乃天然之言语，各有其自然嬗变之历史，故言语乃最能表示民族之特质者也。吾读德、法、俄文人哲士之伟著，读其译本，终不若读其原书。吾师哈蒲浩尝谓英、法、德三国哲学家典籍，皆当读其原文，否则无由捉摸其真义。理想如此，感情更无论矣。

吾昔最好诵欧马之讴，Omar Khayyam，波斯诗人之作，而英之诗家费子哲（Fitzgerald）所译者也。波斯学者某且谓欧马之真精神，费子哲之所传者，十分中不过五分而已。世界语既无永久之历史，又乏民族之精神，惟攘取欧洲大国之单语，律以人造之文法，谓可以保存思想、传达思想乎？吾未敢信也。

更进而言之：今日世界上杂志书籍出版之数，其采用世界语者，视诸采用英、德、法、俄文者，其量其质，比测若何，当为识者所尽知。若谓将来世界语之出版物且将日增，则英、德之人士果肯舍其国语而采用半生半死之人造语乎？吾又未敢信也。

且吾闻之：意大利人，以世界语太与其国语相肖似，以其有污丹泰“神剧”之神圣语，排斥甚力。是则将来世界语之发展，更遥遥不可期。

① 原书竖排，从右至左读，故此处曰“右”，实指本简化字版之“上”。

② 原文如此。依文义，似应为“一”之误。

③ 今作“涵括”。

今后学术发达，各种科学皆由国际间[①]定其相当之名词，如气象学、海洋学，皆曾为学者大会所规定，则又何劳世界语为共用之名词？至若地名之不统一，则多由历史上之关系。比利时而应作 Belgnilo，希腊而作 Greknjo，既失其音，又丧其源，吾不识果有何利（吾昔主张各国之地名、人名应依其国之书法读法。日人峰岸米造即行此法，而加以英、德、法诸国相当之名词。数年前吾国出版之《欧罗巴通史》，即其例也）。

总之，洋翰林之诋毁世界语，或自有其理由在。吾则以为稍窥各国文学蹊径，涉猎其散文韵文，有所觉悟者，必以为一国民之思想感情，必非可以人造的无国民性的生硬之语言发表而传达之也。

关于世界语最大之问题，厥为世界主义之观念。今日祸乱相寻，人类固自相残杀，甚且以同一国家同一民族之人，恃武力，逞狡谋，而肆为杀戮，然将来之世界必趋于大同，则无可疑。质言之，则世界大通之局势，在欧战之先已具其雏形，自北京至伦敦凡十二昼夜，美洲棉之歉收，吾人全蒙其影响；政局之变，朝见于北京，而夕见于纽约之晚报。英人关于国籍之笑话，谓某之父为德人，母为法人，生于英，而结缡于美。凡此皆世界大通之确据，世界主义之先驱也。然世界主义是一事，而世界语又是一事，二者未必为同问题。有世界语未必即可谓世界主义之实现也。世人不察，以世界语为促进世界主义之实现者，误矣。吾尝默察世界之趋势，国民性不可剪除，国语不能废弃，所谓大同者，利益相同而已（Identity of Interests）。今日之科学思想已无国界，而异日之利益亦无国界。所谓人同此心，心同此理，而绝不能以唯一之言语表出之。考过去之人种，多渐澌灭，将来所残余者，惟诸重要之人种及其混合之种而已。言语亦犹人种，自古以来淘汰净尽者，日而有见。而英、法、德、俄及吾国之语，今后且必常有变化而未能即濒于危亡也。易言以明之，世界之前途乃不同之统一（Unity in Diversity），而非一致之统一（Unity in Uniformity）也。吾以为世

① 原文如此。按今语法，当去“间”字，作“国际”。

界语之观念亦犹孔子专制之观念，欲罢黜百家也。

最末更有欲言者，则假使世界语之功用若说者之巨，其名亦殊未妥当。言语学者谓就欧洲之民族中，亦以用拉丁支派之言语者为便。世界语所采用之单语，以英、法、德、意之语为多。若瑞典、挪威半岛之单语，采用极稀。若夫东洋之文字，更全不在世界语之内。吾族民数之巨，吾国文学之丰富，奈何于所谓世界语，反无丝毫之位置耶？兹仅就鄙思所及，拉杂书此，上陈左右，并以质诸提倡世界语者。书不尽意。

陶履恭白

（二）答　书

孟和先生足下：

来书论世界语，思精义繁，迷信世界语过当者所应有之忠告也。惟鄙意尚有不敢苟同于足下者，希略陈之。

来书谓“将来之世界，必趋于大同”，此鄙人极以为然者也。来书谓“世界主义是一事，世界语又是一事，二者未必为同问题”，此鄙人微有不以为然者也。

世界语之成立，非即为世界主义之实现。且世界主义未完全实现以前，世界语亦未能完全成立。然世界人类交通，无一公同[①]语言为之互通情愫，未始非世界主义实现之一障碍。二者虽非一事，而其互为因果之点，视为同问题亦非绝无理由。此仆对于世界语之感想，而以为今日人类必要之事业也。譬之吾中国，闽、粤、燕、赵之人，相聚各操土语，其不便不快孰甚？普通官话（即国语）之需要，自不待言。今之世界人类需要取材多数通用之世界语，不能强人皆用英国语或中国语，犹之吾国需要取

① 今作“共同”。

材多数通用之官话，不能强人皆用北京话或广东话也。足下倘不以此见为大谬，则于世界语三种怀疑，似可冰释。

世界万事，皆进化的也。世界语亦然。各国语何莫不然？虽不完全，岂足为病？极言之，柴门霍夫之世界语即不适用而归淘汰，亦必有他种世界语发生。良以世界语之根本作用，为将来人类必需之要求，不可废也。各国各别[①]之语言，依各国各别之民族心理历史而存在，斯诚不诬；然所谓民族心理，所谓国民性，岂终古不可消灭之物乎？想足下亦不能无疑。

足下谓世界语为无民族之语言，仆则谓世界语为人类之语言，各国语乃各民族之语言；以民族之寿命与人类较长短，知其不及矣。且国界未泯、民族观念存在期间，各国语与世界语不妨并存，犹之吾国不能因此时未便强废各省方言，遂谓无提倡普通官话之必要也。足下倘无疑于全中国之国语，当亦无疑于全世界之世界语。

语言如器械，以利交通耳，重在一致之统一，非若学说兴废有是非真谬之可言。来书以孔子专制罢黜百家喻之，似不恰当。况提倡世界语者，未尝欲即废各国语耶？[②] 今之世界语中，东洋各国语无位置，此诚吾人私心之所痛憾；欲弥此憾，是在吾人之自奋。吾人之文明，吾人之艺术，果于世界史上有存在之价值，吾人正可假世界语之邮，输出远方，永远存在（此意已于三卷四号《新青年》“答钱玄同先生书”中略言之）。否则于人何尤？闭门造车，出门每不合辙。虽严拒世界语而谓人不我重，究于吾文明存在之价值有何补耶？

世界人类历史无尽，则人类语言之孳乳亦无尽。世界语所采用之单语，在理自不应以欧语为限。此义也，迷信世界语者当知之。务为世界之世界语，勿为欧洲之世界语尔。

---

① 今作“个别”。本篇下文同。

② 原文如此。依文义，似应作“未尝欲即废各国语也”。

仆犹有一言欲质诸足下者：足下轻视世界语之最大理由，谓其为人造的而非历史的也。仆则以为重历史的遗物，而轻人造的理想，是进化之障也。语言其一端耳。高明以为如何？率复不具。

独秀

一九一七，八，一

三答钱玄同（文字符号与小说）

（一）原　书

独秀先生：

我以前所说要把右行直下的汉文改用左行横迤，先生回答道："极以为然。"现在我想，这个意思先生既然赞成，何妨把《新青年》从第四卷第一号起，就改用横式？近年以来所出的杂志，我所看见的，第一个改用横式的是美国留学生所办的《科学》。后来教育部出版的《观象丛报》也是用横式。这两种杂志都是讲科学的，常有算式表谱嵌在文章中间，用横式便利，自不消说得。至于别种杂志、书籍，即使不纯粹讲科学，或完全和科学不相干的（小说、诗歌之类），也是用横式比用直式来得便利。因为以后的中国文章中间，要嵌进外国字的地方很多。假如用了直式，则写的人、看的人都要把本子直搬横搬，两只眼睛、两只手都费力得很。又像文章中间所用的符号和句读，要他[①]清楚完全，总是全用西洋的好（《科学》的符号和句读全用西式，看下去很明白。《观象丛报》仍用中式，便不醒目）。这又是宜于横式的。（直式的用西洋符号和句读，引号在直式里面，只能用 ┐└　┐└ 两种，西洋引号很不适用。止有[②]《旅欧杂志》和《旅欧教育运动》，把。,:;?! 记在每句每读底下，留出字的右旁，以便记

---

① "五四"以前"他"兼称男性、女性以及一切事物［见《现代汉语词典（第7版）》］。本篇下文同。

② 今作"只有"。

"本名符号"等等。依我看来，究竟不甚清楚。）况且眼睛是左右横列的，自然是看横比看直来得不费力。《新青年》杂志拿除旧布新做宗旨，则自己便须实行除旧布新。所有认做"合理"的新法，说了就做得到的，总宜赶紧实行去做，以为社会先导才是。这改直式为横式，虽然是形式上的事情，然而于看、写二层都极有便利，所以我总想先生早日实行（《新青年》于原文、译文并列的文章，既用横式，而Page的排列仍照中国旧式，这更不便，尤其不可不改良）。

改用横式以后，符号和句读固然全改西式。但是有人说：疑问号的"?"，嗟叹号的"!"，可以不必用。胡适之先生道："窃谓疑问之号，非吾国文所急需也。吾国文凡疑问之语，皆有特别助字以别之。故凡'何''安''乌''孰''岂''焉''乎''欤''哉'诸字，皆即吾国之疑问符号也。故问号可有可无也。"（见《科学》第二卷第一期《论句读及文字符号》）刘半农先生道："'?'一种似可不用，以吾国文言中有'欤''哉''乎''耶'等，白话中有'么''呢'等问语助词，无须借助于记号也。然在必要之处，亦可用之。'!'一种，文言中可从省，白话中决不可少。"（见《新青年》第三卷第三号《我之文学改良观》）我以为这话不很大对。我国文章里面的"也"字，也有当疑问词用的。《论语》："子张问，十世可知也?""井有人焉，其从之也?""岂若匹夫匹妇之为谅也?"这几个"也"字，都是疑问词。《礼记·祭义》："夫人曰，此所以为君服欤。"这个"欤"字又是决定口气（这是俞樾说的，见《古书疑义举例》卷四）。又《尚书·西伯勘黎》："我生不有命在天?"《吕刑》："何择非人? 何敬非刑? 何度非及?"《史记》所引的，底下都加"乎"字。这是疑问词不用"乎"字的。又像那"焉"字，在每句头上或中间的，除训"何"的外，还有训"于是"的（见王引之《经传释词》）。又"乎""哉"这类字，疑问也用他，嗟叹也用他。像"人焉廋哉"的"哉"字是"?"，"恶用是鶂鶂者为哉"的"哉"字是"!"。"其然岂其然乎"的"乎"字是"?"，"使乎使乎"的"乎"字是"!"。诸如此类，倘使不加符号，实在不能明白。所以我以为这两种符号也是必不可少的。（有人说，上列的几条例，是古人文章的不整齐。现在新体白话文章，出于人造，这种地方当然要做得很整齐，决不许再有例外，那么似乎“?”“!”仍是可省。这话我也不以为然。新体文章用字固然有定，倘使再加符号，岂不格外明白？又我所主张中国书籍须加符号一层，并不限于现在的书。就是古书，将来如其有人重刻，也非加符号不可。）

还有“……”符号表“说话停顿”和“语意未完”，也是不可少的。《左传》襄公廿五年有句道：

> 盟国人于大宫，曰：“所不与崔庆者……”晏子仰天叹曰：“婴所不唯忠于君利社稷者是与?”“有如上帝。”乃歃。

这一节里加了“……”符号，才能显出“所不与崔庆者”底下“有如上帝”四个字还没有喊出，就被晏婴抢了去重行说过。

又《尚书·顾命》：“奠丽陈教，则肄……肄不违。”江声注：“肄肄重言之者，病甚气喘而语吃也。”《史记·张丞相列传》：“昌为人吃，又盛怒，曰：臣口不能言，然臣期……期知其不可。陛下虽欲废太子，臣期……期不奉诏。”这都应该用“……”号去表他口吃的神情。（《史记·高祖本纪》：“诸君必以为便……便国家……”章太炎先生说：这一句，《汉书》里改做“诸侯王幸以为便于天下之民，则可矣”，比《史记》明白完备得多。大约汉高祖那时看见诸侯将相做出一种“天命攸归奏请登极”的样子来，请他做皇帝，心里虽然快活得很，面子上觉得有些不好意思答应出来，于是胀[①]红了脸，说出这样一句不爽快不完全的话来。《史记》直录原语，《汉书》照他说话的意思译成一句明白完备的文章，所以两书记载不同。那么，在两个“便”字的中间，用“……”号表说话停

① 今作“涨”。

顿，“家”字底下再用“……”号表语意未完，便活跳画出一个正要做皇帝时候的汉高祖来了。）

胡适之先生又说：一切“本名”，在西文里面，都是把第一个字母用大写。中国文应该在“本名”的下面记一横画（直式，则记在“本名”的右旁）。这话我极其赞成。《孟子》：“季孙曰异哉子叔疑。”这一句有两种解法：

（1）季孙曰：“异哉！”子叔疑。（赵岐说）

（2）季孙曰：“异哉！子叔疑。”（朱熹说）

《左传》：“遂置姜氏于城颍。”这一句也有两种解法：

（1）遂置姜氏于城颍。（杜预说）

（2）遂置姜氏于城，颍。（金人瑞说）

这两条，朱熹和金人瑞的解说都是错的。假使当日孟轲、左丘明做书的时候有了符号，自己记得明明白白，那么朱熹、金人瑞也不至于随便乱解了。

以前我写信给先生和适之先生说，《水浒》《红楼梦》《儒林外史》《西游记》《金瓶梅》和近人李伯元、吴趼人两家的著作，都是中国有价值的小说。这原是短中取长的意思；也因为现在那种旧文学家的谬见，把欧、曾、苏、王、归、方、姚、曾这些造劣等假古董的人看做大文学家，反说施耐庵、曹雪芹只会做小说，便把他[①]排斥在文学（家）[②] 以外，觉得小说是很下等的文章。所以我们不得不匡正他们的误谬，表彰《水浒》《红楼梦》那些书。其实若是拿十九、二十世纪的西洋新文学眼光去评判，就是施耐庵、曹雪芹、吴敬梓，也还不能算做第一等。因为他们三位的著作虽然配得上称“写实体小说”，但是笔墨总嫌不干净。若是和西洋的Goneourt 兄弟，Maupassant，Tolstoi，Turgeneu 诸人相比，便有些比不上。

① 原文如此。依文义，今作“他们”。本篇下文同。

② 原文似漏“家”字。今依文义补。

这大概有两个缘故：

（1）中国小说家喜欢做长篇小说，动不动便是八十回、一百回，一定要把许多各色各样的人写在一处。人数既多，写的时候总有照顾不到的地方，于是写某甲写得很得神，写某乙便容或不能完全合拍。外国小说，专就一种社会，或一部分的人，细细体察，绘影绘声，维妙维肖[①]，不在乎字数多、篇幅长，在乎描写得十分确切：这是胜过中国小说的地方。

（2）外国小说家拿小说看做一种神圣的学问，或则自己思想见解很高，以具体的观念写一理想的世界（中国陶潜的《桃花源记》很有这一种的意味）；或则拿很透辟的眼光去观察现在社会，用小说笔墨去暴露他的真相，自己总是立在“第三者”的地位。若是做的时候，写到那男女恋爱奸私，和武人强盗显他特殊势力那些地方，决没有自己忽然动心，写上许多肉麻得意的句子。所以意境既很高超，文笔也极干净。中国小说则不然，就是施、曹两公也未能免俗（像武松打老虎、贾宝玉初试云雨之类），吴敬梓自己也颇有酸气（像虞博士祭泰伯祠之类）。这一层，是中国小说更远不及外国小说的地方。

施、曹、吴三人以外，《西游记》虽说诙诡别有情致，究竟是“理想主义派”里的名产，拿新文学的眼光去看，实在是过去时代的东西，和施、曹的“写实派”去比，便有新旧的不同。《金瓶梅》虽具刻画恶社会的本领，然而描写淫亵，太不成话。若是勉强替他辨护[②]，说做书的人下笔的时候自己没有存着肉麻的冥想，恐怕这话总是说不圆的。（《野叟曝言》里的文素臣，《老残游记》里的铁补残，《九尾龟》里的章秋谷，写得全智全能，都是作者自道，叫人看了实在替他肉麻！）至于近人李、吴两家，适之先生说他“皆为《儒林外史》之产儿”，这话很对。论到名笔意境，实在比《儒林外史》还差一点。所以我以为就是《水浒》以下的

① 原文如此。今作“惟妙惟肖”。

② 今作“辩护”。

几种小说，也还远比不上外国小说。

至于从“青年良好读物”上面着想，实在可以说：中国小说没有一部好的，没有一部应该读的。若是能读西文的，可以直读 Tolstoi，Maupassant 这些人的名著。若是不懂西文的，像胡适之先生译的《二渔夫》，马君武先生译的《心狱》，和我的朋友周豫才、起孟两先生译的《域外小说集》《炭画》，都还可以读得。（但是某大文豪用《聊斋志异》文笔和别人对译的外国小说，多失原意，并且自己搀进一种迂谬批评，这种译本还是不读的好。）

总而言之，中国现在没有一件事情可以不改革。政治革命，晓得的人较多，并且招牌上也居然写了“共和”两个字了。伦理革命，先生已经大加提倡，对于尊卑纲常的旧伦理痛加排抵，主张完全改用西洋新伦理。至于文学革命，先生和适之先生虽也竭力提倡新文学，但是对于元、明以来的中国文学，似乎有和西洋现代文学看得平等的意思。我以为元、明以来的词曲小说，在“中国文学史”里面必须要详细讲明，并且不可轻视，要认做当时极有价值的文学才是。为什么呢？因为在当时，他是“开新的”；还有先生所说的“其内容与社会实际生活日渐接近，斯为可贵”的缘故。但是到了现在，这种文学又渐渐成了过去的陈迹。现在中国的文学界，应该完全输入西洋最新文学，才是正当办法。

我们既然绝对主张用白话体做文章，则自己在《新青年》里面做的，便应该渐渐的[①]改用白话。我从这次通信起，以后或撰文，或通信，一概用白话，就和适之先生做《尝试集》一样的意思。并且还要请先生、胡适之先生和刘半农先生，都来尝试尝试。此外别位在《新青年》里面撰文的先生，和国中赞成做白话文章的先生们，若是大家都肯“尝试”，那么必定“成功”。“自古无”的，“自今”以后一定会“有”。不知道先生们的高见赞成不赞成？

① 当时用法，今作“地”。

有人说：现在“标准国语”还没有定出来，你们各人用不三不四半文半俗的白话做文章，似乎不很大好。我说：朋友！你这话讲错了。试问，“标准国语”请谁来定？难道我们便没有这个责任吗？难道应该让那些专讲“干脆”“反正”“干么”“您好”“取灯儿”“钱串子”，称不要为 pie，称不用为 pong 的人，在共和时代还仗着他那“天子脚下地方”的臭牌子，说什么“日本以东京语为国语，德国以柏林语为国语，故我国当以北京语为国语”，借这似是而非的语来抹杀一切，专用北京土话做国语吗？想来一定不是的。既然不是，则这个“标准国语”一定要由我们提倡白话的人实地研究“尝试”，才能制定。我们正好借这《新青年》杂志来做白话文章的试验场。我以为这是最好最便的办法。先生，你道对不对呢？

钱玄同

（二）答 书

玄同先生：

《新青年》改用左行横迤，弟个人的意思，十分赞成，待同发行部和其他社友商量同意，即可实行。但是改用白话一层，似不必勉强一致。社友中倘有绝对不能做白话文章的人，即偶用文言，也可登载。尊见以为如何？

文中符号，到不得已的时候，自然用得。说话停顿和语意未完的时候，自然当用虚点做符号，方能清楚。就是引用古书或他人的话，中间不关紧要的，也可以省略，用虚点代之。本名旁加符号，往时本有此法。但是人名地名要用单画双画分别不用，还要讨论一番。

中国小说有两大毛病：第一是描写淫态过于显露，第二是过贪冗长。（《金瓶梅》《红楼梦》细细说那饮食、衣服、装饰、摆设，实在讨厌！）这也是“名山著述的思想”的余毒。吾人赏识近代文学，只因为他文章和材料都和现在社会接近些，不过短中取长罢了。若是把元、明以来的词、曲、小说当做吾人理想的新文学，那就大错了。不但吾人现在的语言思想和元、明、清的人不同，而且一代有一代的文学，钞[①]袭老文章算得什么文学呢！但是外国文学经过如许岁月，中间许多作者，供给我们许多文学的技术和文章的形式，所以喜欢文学的人，对于历代的文学，都应该去切实研究一番才是（就是极淫猥的小说、弹词，也有研究的价值）。至于普通青年读物，自以时人译著为宜。若多读旧时小说、弹词，不能用文学的眼光去研究，却是徒耗光阴，有损无益。并非是我说老究[②]的话，也不是我一面提倡近代文学，一面又劝人勿读小说、弹词，未免自相矛盾，只因为专门研究文学和普通青年读书截然是两件事，不能并为一谈也。

此时用国语为文，当然采用各省多数人通用的语言。北京话也不过是一种特别方言，那[③]能算是国语呢？而且既然是取“文言一致”的方针，就要多多夹入稍稍通行的文雅字眼，才和纯然白话不同。俗话中常用的文话（像岂有此理、无愧于心、无可奈何、人生如梦、万事皆空等类），更是应当尽量采用。必定要“文求近于语，语求近于文”，然后才做得到“文言一致”的地步。高明以为如何？

独秀

一九一七，八，一

① 旧同“抄”。

② 原文如此。疑为“老学究”。

③ 旧同“哪”。

答刘延陵（自由恋爱）

（一）原　书

独秀先生：

接到手示后，即有挂号信作复；惟闻天津水泛，交通断绝，不审该信已至京否？今晨得《新青年》六号，先生于敝文评语，固有未合鄙意，今不欲赘，惟开首一语，“刘君此文，在反对自由恋爱及独身生活两种思潮”，甚掩著者之心。敝文主旨，在述婚制进化之迹，而附陈各种制度之得失，文中亦既言之；而文中只反对“极端之自由恋爱”与独身主义，未尝反对无极端二字之“自由恋爱”，文中可以覆按也。

“极端之自由恋爱”一语为弟自创，详明言之，即反对“堕胎”、“溺儿”与“独身主义”，而未尝反对“自由恋爱”。盖吾个人不通之定义：极端之自由恋爱，即指但顾夫妇个人之逸乐，而为堕胎、溺儿之事，此吾意中所谓婚后之不德。至于无“极端”二字之自由恋爱，则关于婚前，固毫无可以反对之理；而弟实亦未有一字反对。或者定名不精，致使先生看时误会。惟弟极不愿得罪自由之神，或因此而致世界青年骂我为古冢骷髅。敢请将此函登于通信栏，以明著者之心。不胜盼祷。千千万万！

刘延陵上

（二）答　书

延陵先生：

尊意分“自由恋爱”与“极端自由恋爱”为二，且赞成其一而反对其一，愚诚不解；恐看时误会者，不只[①]愚一人也。盖既已赞成恋爱，又复赞成自由恋爱，尚有何种限制之可言，而不谓为极端主义乎？

“自由恋爱”与无论何种婚姻制度皆不能并立，即足下所谓论理的婚姻，又何独不然？盖恋爱是一事，结婚又是一事；自由恋爱是一事，自由结婚又是一事；不可并为一谈也。结婚者未必恋爱，恋爱者未必结婚，就吾人闻见所及，此事岂抽象之玄想？

堕胎、溺儿诸事，诚即足下所谓“婚后之不德”，其主因乃在避贫与苦耳，字之以极端自由恋爱，殊不伦也。西方堕胎、溺儿，多避贫畏苦；东方溺儿，且因轻女，于恋爱何涉焉？数获手教，恕不一一作复。

独秀

一九一七，八，一

① 今作“不止”。

四答钱玄同（中国今后之文字问题）

（一）原　书

独秀先生：

先生前此著论，力主推翻孔学，改革伦理，以为倘不从伦理问题根本上解决，那就这块共和招牌一定挂不长久（约述尊著大意，恕不列举原文）。玄同对于先生这个主张，认为救现在中国的唯一办法。然因此又想到一事：则欲废孔学，不可不先废汉文；欲驱除一般人之幼稚的野蛮的顽固的思想，尤不可不先废汉文。

中国文字，衍形不衍声，以致辨认书写极不容易，音读极难正确。这一层，近二十年来很有人觉悟，所以创造新字、用罗马字拼音等等主张层出不穷，甚至于那很顽固的劳玉初，也主张别造“简”字，以图减省识字之困难。除了那《选》学妖孽、桐城谬种，要利用此等文字，显其能做“骈文”“古文”之大本领者，殆无不感现行汉字之拙劣，欲图改革，以期使用：这是对于汉字的形体上施攻击的。

又有人说：固有的汉字，固有的名词，实在不足以发挥新时代之学理事物。于是有造新字者，有造新名词者，有直用西文原字之音而以汉字表之者——如“萨威稜帖”“迪克推多”“暴哀考脱”“札斯惕斯”之类——有简直取西文原字写入汉文之中者。种种办法，虽至不同，而其对于固有的汉字和名词认为不敷用之见解则一：这是对于汉字的应用上谋补救的。

以上两种见解，固然都有理由，然玄同今日主张废灭汉文之理由，尚不止此。

玄同之意，以为汉字虽发生于黄帝之世；然春秋、战国以前，本无所谓学问，文字之用甚少。自诸子之学兴，而后汉字始为发挥学术之用。但儒家以外之学，自汉即被罢黜；二千年来所谓学问，所谓道德，所谓政治，无非推衍孔二先生一家之学说。所谓“四库全书”者，除晚周几部非儒家的子书外，其余则十分之八都是教忠教孝之书：“经”不待论；所谓“史”者，不是大民贼的家谱，就是小民贼杀人放火的帐[①]簿——如所谓“平定什么方略”之类。“子”“集”的书大多数都是些“王道圣功”“文以载道”的妄谈。还有那十分之二，更荒谬绝伦：说什么“关帝显圣”“纯阳降坛”“九天玄女”“黎山老母”的鬼话，其尤甚者，则有“婴儿姹女”“丹田泥丸宫”等说，发挥那原人时代“生殖器崇拜”的思想。所以二千年来用汉字写的书籍，无论那[②]一部，打开一看，不到半页，必有发昏做梦的话。此等书籍，若使知识正确、头脑清晰的人看了，自然不至堕其玄中；若令初学之童子读之，必致终身蒙其大害而不可救药。

欲祛除三纲五伦之奴隶道德，当然以废孔学为唯一之办法；欲祛除妖精鬼怪、炼丹画符的野蛮思想，当然以剿灭道教——是道士的道，不是老、庄的道——为唯一之办法。欲废孔学，欲剿灭道教，惟有将中国书籍一概束之高阁之一法。何以故？因中国书籍，千分之九百九十九都是这两类之书故；中国文字，自来即专用于发挥孔门学说及道教妖言故。

但是有人说：中国旧书虽不可看，然汉文亦不必废灭，仍用旧文字来说明新学问可矣。此说似是而实非。既不废汉文，则旧学问虽不讲，而旧文章则不能不读。旧文章的内容就是上文所说的“不到半页，必有发昏做梦的话”，青年子弟读了这种旧文章，觉其句调铿锵，娓娓可诵，不知不觉便将为其文中之荒谬道理所征服；其中毒之程度，亦未能减于读四书、

① 旧同“账”。

② 旧同“哪”。

五经及《参同契》《黄庭经》诸书，况且近来之贱丈夫动辄以新名词附会野蛮之古义——如译 Republic 为“共和”，于是附会于“周召共和”矣；译 Ethics 为“伦理学”，于是附会于“五伦”矣——所以即使造新名词，如其仍用野蛮之旧字，必不能得正确之知识。其故有二：（1）因国人的脑筋异常昏乱，最喜瞎七搭八，穿凿附会一阵子，以显其学贯中西。（2）中国文字，字义极为含混，文法极不精密，本来只可代表古代幼稚之思想，决不能代表 Lamark，Darwin 以来之新世界文明。

至于有人主张改汉字之形式——即所谓用□[①]字罗马字之类——而不废汉语：以为形式既改，则旧日积污不难洗涤。殊不知改汉字为拼音，其事至为困难：中国语言文字极不一致，一也；语言之音，各处固万有不同矣，即文字之音，亦复纷歧[②]多端，二也。制造国语以统一言文，实行注音字母以统一字音，吾侪固积极主张；然以我个人之悬揣，其至良之结果，不过能使白话文言不甚相远，彼此音读略略接近而已，若要如欧洲言文音读之统一，则恐难做到。即如日本之言文一致，字音画一，亦未能遽期。因欧洲文字，本是拼音；日本虽借用汉字，然尚有行了一千年的“五十假名”。中国文字，既非拼音，又从无适当之标音符号，三十六字母，二百〇六韵，闹得头昏脑胀[③]，充其极量，不过能考证古今文字之变迁而已，于统一音读之事，全不相干。今欲以吾侪三数人在十年八年之内，告成字音统一之伟业，恐为不可能之事；又中国文言既多死语，且失之浮泛。而白话用字过少，文法亦极不完备，欲兼采言文，造成一种国文，亦大非易事。于此可见整理言文及音读两事，已甚困难。言文音读不统一，即断难改用拼音。况汉文根本上尚有一无法救疗之痼疾，则单音是也。单音文字，同音者极多，改用拼音，如何分别？——此单音之痼疾，传染到日本，日本亦大受其累：请看日本四十年来提议改良文字之人极多，而尤以用罗马字拼音之说为最有力，然至今尚不能

---

① 原文如此。

② 今作“分歧”。

③ 今作“头昏脑涨”。

实行者，无他，即“音读”之汉字不能祛除净尽，则罗马字必难完全实行也。——吾以为改用拼音，至为困难者，此也。

即使上列诸困难悉数解决，汉字竟能完全改用拼音，然要请问：新理，新事，新物，皆非吾族所固有，还是自造新名词呢？还是老老实实写西文原字呢？由前之说，既改拼音，则字中不复含有古义，新名词如何造法？难道竟译 Republic 为 Kung - huo，译 Ethics 为 Lun - li - hsuh 吗？自然没有这个道理。由后之说，既采西文原字，则科学、哲学上之专门名词自不待言，即寻常物品，如 match，lamp，ink，pen 之类，自亦宜用原文，不当复云 yang - huo，yang - teng，yang - meh - shue，yang - pih - teu；而 dictator、boycott 之类应写原文，亦无疑义。如此，则一文之中，用西字者必居十之七八；而“拼音之汉字”，不过几个介连助叹之词及极普通之名代动静状之词而已。费了许多气力，造成一种“拼音之汉字”，而其效用不过如此，似乎有些不值得罢[①]！盖汉字改用拼音，不过形式上之变迁，而实质上则与“固有之旧汉文”还是半斤与八两，二五与一十的比例。

所以我要爽爽快快说几句话：中国文字，论其字形，则非拼音而为象形文字之末流，不便于识，不便于写；论其字义，则意义含糊，文法极不精密；论其在今日学问上之应用，则新理、新事、新物之名词，一无所有；论其过去之历史，则千分之九百九十九为记载孔门学说及道教妖言之记号。此种文字，断断不能适用于二十世纪之新时代。

我再大胆宣言道：欲使中国不亡，欲使中国民族为二十世纪文明之民族，必以废孔学、灭道教为根本之解决，而废记载孔门学说及道教妖言之汉文，尤为根本解决之根本解决。

至废汉文之后，应代以何种文字，此固非一人所能论定；玄同之意，则以为当采用文法简赅、发音整齐、语根精良之人为的文字 ESPERANTO。

惟 Esperanto 现在尚在提倡之时，汉语一时亦未能遽尔消灭，此过渡

---

① 旧同“吧”。

之短时期中，窃谓有一办法：则用某一种外国文字为国文之补助——此外国文字，当用何种，我毫无成见。照现在中国学校情形而论，似乎英文已成习惯，则用英文可也，或谓法兰西为世界文明之先道，当用法文，我想这自然更好——而国文则限制字数，多则三千，少则二千（前于三卷四号《新青年》中致先生一书，云“以五千字为度”，今思未免太多），以白话为主，而“多多夹入稍稍通行的文雅字眼”（此是先生答玄同之语，见三卷六号《新青年》），期以三五年之工夫，专读新编的“白话国文教科书”，而国文可以通顺。凡讲述寻常之事物，则用此新体国文；若言及较深之新理，则全用外国文字教授；从中学起，除“国文”及“本国史地”外，其余科目悉读西文原书。如此，则旧文字之势力，既用种种方法力求减杀，而其毒焰或可大减——既废文言而用白话，则在普通教育范围之内，断不必读什么“古文”；发昏做梦的话，或可不至输入于青年之脑中——新学问之输入，又因直用西文原书之故，而其观念当可正确矣。

以上为玄同个人主张废灭汉文之意见，及过渡时代暂行之办法。

此外尚有一法，则友人周君所言者，即一切新学问，亦用此“新体国文”达之；而学术上之专名，及没有确当译语，或容易误会的，都用Esperanto嵌入。这个意思：一层可以使中国人与Esperanto日渐接近；二层则看用“新体国文”编的科学书，究竟比看英、法原文的容易些。我想此法亦好——此法吴稚晖先生从前也主张过的，其言曰：

> 中国文字，迟早必废。欲为暂时之改良，莫若限制字数：凡较僻之字，皆弃而不用，有如日本之限制汉文。此法行，则凡中国极野蛮时代之名物，及不适用之动作词等，皆可屏诸古物陈列院，以备异日作“世界进化史”者为材料之猎取。所有限制以内之字，供则[①]暂时

① 原文如此。依文义，似应改为“则供”。

内地中小学校及普通商业上之应用。其余发挥较深之学理，及繁赜之事物，本为近世界之新学理、新事物；若为限制行用之字所发挥不足者，即可搀入万国新语（即 Esperanto），以便渐搀渐多，将汉文渐废，即为异日径用万国新语之张本。(《新世纪》第四十号)

这个废灭汉文的问题，未知高明以为何如？愿赐教言，以匡不逮。如以为然，尤愿共同鼓吹，以期此事之实行。本社同人及海内志士关于此问题如有高见，不论赞成与反对，尤所欢迎。

钱玄同

4，March，1918

（二）答　书

玄同先生：

吴先生“中国文字，迟早必废”之说，浅人闻之，虽必骇怪，而循之进化公例，恐终无可逃。惟仅废中国文字乎？抑并废中国言语乎？此二者关系密切，而性质不同之问题也。各国反对废国文者，皆以破灭累世文学为最大理由。然中国文字，既难传载新事新理，且为腐毒思想之巢窟，废之诚不足惜。（康有为谓美国共和之盛，而与中国七相反，无能取法，其一即云：“必烧中国数千之历史书传，俾无四千年之风俗，以为阻碍。”在康氏乃故作此语，以难国人；在吾辈则以为烧之，何妨?）至于废国语之说，则益为众人所疑矣。鄙意以为今日“国家”“民族”“家族”“婚姻”等观念，皆野蛮时代狭隘之偏见所遗留，根底甚深，即先生与仆亦未必能免俗，此国语之所以不易废也。倘是等观念悉数捐除，国且无之，何有于国语？当此过渡时期，惟有先废汉文，且存汉语，而改用罗马字母书之；新名悉用原语，无取义译；静状介连助叹及普通名代诸词，限以今语。如此行之，虽稍费气力，而于便用进化，视固有之汉文，不可同日而语。先生谓为“还是半斤与八两，二五与一十的比例”，恐未必然也。至于用西文原书教授科学，本属至顺。盖学术为人类之公有物，既无国界之可言，焉有独立之必要？先生及读者诸君以为如何？谨复。

独秀

一九一八，四，十五

附录　胡适之的附识

独秀先生所问“仅废中国文字乎，抑并废中国言语乎?”实是根本的问题。独秀先生主张“先废汉文，且存汉语，而改用罗马字母书之”的办法，我极赞成。凡事有个进行次序。我以为中国将来应该有拼音的文字。但是文言中单音太多，决不能变成拼音文字。所以必须先用白话文字来代文言的文字，然后把白话的文字变成拼音的文字。至于将来中国的拼音字母是否即用罗马字母，这另是一个问题，我是言语学的门外汉，不配说话了。

适

答崇拜王敬轩者（讨论学理之自由权）

（一）原　书

独秀先生：

读《新青年》，见奇怪之言论，每欲通信辩驳，而苦于词不达意。今见王敬轩先生所论，不禁浮一大白。王先生之崇论宏议，鄙人极为佩服，贵志记者对于王君议论，肆口侮骂，自由讨论学理，固应如是乎？此启。不备。

崇拜王敬轩先生者

四月二十日

（二）答　书

崇拜王敬轩者：

本志自发刊以来，对于反对之言论，非不欢迎；而答词之敬慢，略分三等：立论精到，足以正社论之失者，记者理应虚心受教。其次则是非未定者，苟反对者能言之成理，记者虽未敢苟同，亦必尊重讨论学理之自由，虚心请益。其不屑与辩者，则为世界学者业已公同[①]辩明之常识，妄

① 今作“共同”。

人尚复闭眼胡说，则唯有痛骂之一法。讨论学理之自由，乃神圣自由也；倘对于毫无学理毫无常识之妄言，而滥用此神圣自由，致是非不明，真理隐晦，是曰“学愿”。“学愿”者，真理之贼也。

独秀

一九一八，六，十五

答张谬子（新文学及中国旧戏）

（一）原　书

记者足下：

仆自读《新青年》后，思想上获益甚多。陈、胡、钱、刘诸先生之文学改良说，翻陈出新，尤有研究之趣味。仆以为文学之有变迁，乃因人类社会而转移，决无社会生活变迁而文学能墨守迹象、守古不变者。故三代之文，变而为周、秦、两汉之文，再变而为六朝之文，乃至于唐、宋、元、明之文。虽古代文学家好摹仿古文，不肯自辟蹊径，然一时代之文，与他一时代之文，其变迁之痕迹，究竟非常显著。故文学之变迁，乃自然的现象，即无文学家倡言改革，而文学之自身，终觉不能免多少之改革；但倡言改革乃应时代思潮之要求，而益以促进其变化而已。

梁任公之《时务报》《新民丛报》，在前清时代八股思想未除净尽之日，乃能以新名词、新文体（在当时固为最新之文体）为士流所叹赏，其所著述皆能风靡一时，则文学改良为社会固有之思想，为进化自然之现象，可以想见。故黄远生亦谓："文学之必须改革，乃时代思想当然之倾向。"（见所著《想影录》）

且文学改良之后，文学上有三大利益：

（一）能绝窒碍思想之弊。旧文学之所以当然淘汰，即因其窒碍思想：如八股为旧文学中最劣等之文学，明太祖创设此种文学，即所以使人民绝对无思想之自由也。新文学第一利益，即使吾人思想活泼，不致为特种情形所障碍，而常有自由进取之精神。

（二）使文学有明确之意思、真正之观念。旧文学之弊，在笼统含糊；黄远生且以“笼统为国人之公毒，不仅文字一事”（见《东方杂志》远生所著《国人之公毒》一篇）。新文学则绝无此种弊病，一字有一字之意思，一句有一句之意思，一段有一段之意思，一节有一节之意思，文字浅显而意思明确。多作此种文字，可使吾人头脑清楚，知识明白。

（三）为文言一致之好机会。新文学干净明白，使人易于了解；且杂以普通习用之名词，尤为雅俗所共晓。如“结果”“改良”“脑筋简单”“神经过敏”，以至“当然”“必要”“事实”“理想”等语，一般社会，几成为一种漂亮之俗语，尽人皆能言之，而文学上用此等语调，亦仍不失为雅洁，此岂非文言一致之动机乎？

有此三事，故仆对于改良文字，极表赞成。至于改良上具体的办法，如胡、钱诸先生所举，仆最表同情者为“不用典”一事，因此事最足以窒碍思想也。袁随园亦谓：“用典如陈设古玩，各有攸宜，然明窗净几，亦有以绝无一物为佳者，孔子所谓‘绘事后素’也。”又谓：“唐人诗不用生典，叙风景不过‘夕阳芳草’，用字面不过‘月露风云’，一经调度，便日月轩新；犹之易牙治味，不过鸡猪鱼肉，华陀[①]用药，不过青粘漆叶，其胜人处，不求之海外异国也”云云。能不用典故，一意白描，洵文学上之最美者也。

此外若趋重白话一节，仆亦赞成。惟以《水浒》《西厢》等书为极有价值的文学，与金圣叹批评《才子书》同一见解；而金圣叹之批评，乃未尝一为胡、钱诸先生所援引，岂尚怕与人苟同耶？仆以为圣叹之批评，亦甚有价值，以其思想即文学改良的思想也。先生等既倡言改良，而吐弃其人，不屑

① 原文如此。一般作“华佗”。

一称道其与先生等同一之论调，此仆所不解也。

仆尤有怀疑者一事，即最近贵志所登之诗是也。贵志第四卷第二号登沈尹默先生《宰羊》一诗，纯粹白话，固可一洗旧诗之陋习，而免窒碍性灵之虞。但此诗从形式上观之，竟完全似从西诗翻译而成，至其精神，果能及西诗否，尚属疑问。中国旧诗虽有窒碍性灵之处，然亦可以自由变化于一定范围之中，何必定欲作此西洋式的诗始得为进化耶？西人翻译中国诗，自应作长短句，以取其便于达意。中国译外国人诗，能译成中国诗体，固是最妙；惟其难恰好译成中国诗体，故始照其原文字句，译成西洋式的长短句。《宰羊》一诗，及其他《人力车夫》《鸽子》《老鸦》《车毯》等作，并非译自西诗，又何必为此西诗之体裁耶？《旅欧杂志》载汪精卫先生译 Fables de Florian 一诗，作五言诗体，韵调格律亦甚自然。彼译西诗，且用中国固有之诗体。先生等作中国诗，乃弃中国固有之诗体，而一味效法西洋式的诗，是否矫枉过正之讥，仆于此事，实在怀疑之至（《清华月刊》载《忏情丛谈》，对于先生之文学改良谈攻击甚力，于白话诗尤甚）。

仆之意思，以为文学改良，乃自然的进化。但一切诗文，总须自由进化于一定范围之内。胡先生之《尝试集》，仆终觉其轻于尝试，以此种尝试（沈先生之《宰羊》诗等，皆统论在内）究竟能得一般社会之信仰否，以现在情形论，实觉可疑。盖凡一事物之改革，必以渐，不以骤；改革过于偏激，反失社会之信仰，所谓“欲速则不达”，亦即此意。改良文学是何等事，决无一走即到之理。先生等皆为大学教师，实行改良文学之素志，仆佩服已非一日。但仆怀疑之点，亦不能不为胡、沈诸先生一吐，故敢致书于贵记者之前，恳割贵志之馀白，以容纳仆之意见，并极盼赐以明了之教训，则仆思想上之获益，当必有更进者。

又戏剧为高等文学，钱、胡、刘三先生所论极是。胡适之先生更将有《戏剧改良私议》之作，刘半农先生亦谓当另撰关于改良戏剧之专论，仆皆渴望其发表，以一读为快。但胡适之先生《历史的文学观念论》中，谓

“昆曲卒至废绝，而今之俗剧乃起而代之”。俗剧下自注云：“吾徽之徽调，与今日京调高腔皆是也。”此则有一误点。盖“高腔”即所谓“弋阳腔”，其在北京舞台上之运命与“昆曲”相等。至现在则“昆曲”且渐兴，而“高腔”将一蹶不复起，从未闻有“高腔”起而代“昆曲”之事。

又论中所主张废唱而归于说白，乃绝对的不可能。此言亦甚长，非通讯栏所能罄。刘半农先生谓“一人独唱，二人对唱，二人对打，多人乱打，中国文戏武戏之编制，不外此十六字”云云。仆殊不敢赞同。只有一人独唱，二人对唱，则“二进宫”之三人对唱，非中国戏耶？至于多人乱打“乱”之一字，尤不敢附和。中国武戏之打把子，其套数至数十种之多，皆有一定的打法，优伶自幼入科，日日演习，始能精熟。上台演打，多人过合，尤有一定法则，决非乱来，但吾人在台下看上去，似乎乱打，其实彼等在台上，固从极整齐极规则的工夫中练出来也。

又钱玄同先生谓“戏子打脸之离奇”，亦似未可一概而论。戏子之打脸，皆有一定之脸谱，“昆曲”中分别尤精，且隐寓褒贬之义，此事亦未可以“离奇”二字一笔抹杀之。

总之，中国戏曲，其劣点固甚多，然其本来面目，亦确自有其真精神。固欲改良，亦必以近事实而远理想为是。否则理论甚高，最高亦不过如柏拉图之“乌托邦”，完全不能成为事实耳。近有刘筱珊先生，颇知中国戏曲固有之优点，其思想亦新，戏剧改良之议，仆以为可与彼一斟酌之也。

张厚载白

（二）答　书

缪子君鉴：

尊论中国剧，根本谬点，乃在纯然囿于方隅，未能旷观域外也。剧之为物，所以见重欧洲者，以其为文学、美术、科学之结晶耳。吾国之剧，在文学上、美术上、科学上，果有丝毫价值邪？尊论谓刘筱珊先生颇知中国剧曲固有之优点，愚诚不识其优点何在也。

欲以“隐寓褒贬”当之邪？夫褒贬作用，新史家尚鄙弃之，更何论于文学、美术？且旧剧如《珍珠衫》《战宛城》《杀子报》《战蒲关》《九更天》等，其助长淫杀心理于稠人广众之中，诚世界所独有，文明国人观之，不知作何感想。

至于“打脸”“打把子”二法，尤为完全暴露我国人野蛮暴戾之真相，而与美感的技术立于绝对相反之地位。若谓其打有定法，脸有脸谱，而重视之邪？则作八股文之路闰生等，写馆阁字之黄自元等，又何尝无细密之定法，“从极整齐极规则的工夫中练出来”，然其果有文学上、美术上之价值乎？

演剧与歌曲，本是二事；适之先生所主张之“废唱而归于说白”，及足下所谓“绝对的不可能”，皆愿闻其详。

独秀

一九一八，六，十五

附录一　胡适之的跋

缪子君以评戏见称于时，为研究通俗文学之一人，其赞成本社改良文学之主张，固意中事。但来书所云，亦有为本社同人所不敢苟同者，今就我个人私见所及，略一论之。

来书云：“中国旧诗虽有窒碍性灵之处，然亦可以自由变化于一定范围之中，何必定欲作此西洋式的诗，始得为进化耶？”又云：“汪精卫先生译西诗且用中国固有诗体。先生等作中国诗，乃弃中国固有之诗体，而一味效法西洋式的诗，是否矫枉过正[①]，仆于此事实在怀疑之至。”今试问何

① 原文如此。张缪子原信为“是否矫枉过正之讥”。

者为西洋式之诗？来书谓沈、刘两君及我之《宰羊》《人力车夫》《鸽子》《老鸦》《车毯》[①] 等作皆为“西洋式的长短句”。岂长短句即为“西洋式”耶？实则西洋诗固亦有长短句，然终以句法有一定长短者为多，亦有格律极严者。然则长短句不必即为西洋式也。中国旧诗中长短句多矣。《三百篇》中往往有之。乐府中尤多此体。《孤儿行》《蜀道难》皆人所共晓。至于词，“旧皆名长短句”。词中除《生查子》《玉楼春》等调之外，皆长短句也。长短句乃诗中最近语言自然之体，无论中西皆有之。作长短句未必即为“西洋式的诗”也。平心论之，沈君之《人力车夫》最近《孤儿行》，我之《鸽子》最近词。此外则皆创体也。沈君生平未读西洋诗，吾稍读西洋诗而自信无摹仿西洋诗体之处。来书所云，非确论也。

以上所说，但辩明吾辈未尝采用西洋诗体，并非谓采用西洋诗体之为不是也。吾意以为如西洋诗体、文体果有采用之价值，正宜尽量采用。采用而得当，即成中国体。然此另是一问题，兹不具论。

来书两言诗文须“自由变化于一定范围之中”。试问自由变化于一定范围之“外”又有何不可？又何尝不是自然的进化耶？来书首段言中国文学变迁，自三代之文以至于梁任公之“新文体”，此岂皆“一定范围之中”之变化耶？吾辈正以为文学之为物，但有“自由变化”而无“一定范围”，故倡为文学改革之论，正欲打破此“一定范围”耳。

来书谓吾之《尝试集》为“轻于尝试”，此误会吾尝试之旨也。《尝试集》之作，但欲实地试验白话是否可以作诗，及白话入诗有如何效果，此外别无他种奢望。试之而验，不妨多作；试之而不验，吾亦将自戒不复作。吾意甚望国中文学家都来尝试尝试，庶几可见白话韵文是否有成立之价值。今尝试之期仅及年余，尝试之人仅有二三；吾辈方以“轻于尝试”自豪，而笑旁观者之不敢“轻于一试”耳！

---

① 原文如此。这几篇诗作的作者依次是：《宰羊》（沈尹默）、《人力车夫》（沈尹默）、《鸽子》（胡适）、《老鸦》（胡适）、《车毯》（刘半农）。

来书末段论戏剧，与吾所主张多不相合，非一跋所能尽答，将另作专篇论之。惟吾《历史的文学观念论》中所谓“高腔”，并非指“弋阳腔”，乃四川之“高腔”。四川之“高腔”与“徽调”“京调”同为“俗剧”，以其较“昆腔”“弋阳腔”皆更为通俗也。

胡适

七年三月二十七日

附录二　钱玄同答的信

缪子先生：

我所谓“离奇”者，即指此“一定之脸谱”而言：脸而有谱，且又一定，实在觉得离奇得很。若云“隐寓褒贬”，则尤为可笑。朱熹做《纲目》学孔老爹的笔削《春秋》，已为通人所讥讪；旧戏索性把这种“阳秋笔法”画到脸上来了：这真和张家猪肆记卍形于猪鬣、李家马坊烙圆印于马蹄一样的办法。哈哈！此即所谓中国旧戏之“真精神”乎？

金圣叹用迂谬的思想去批《水浒》，用肉麻的思想去批《西厢》，满纸“胡说八道”，我看了实在替他难过。玄同虽不学，然在《新青年》上发表之文章，似乎尚不至与金氏取“同一之论调”。

钱玄同

1，April，1918

附录三　刘半农答的信

缪子先生：

“二人对唱”一句话，仅指多数通行脚本之大体言之；若要严格批驳，恐怕京戏中不特有《二进宫》之三人对唱，必还有许多是四人对唱、五人对唱……以至于多人合唱的。且“唱”字亦用得不妥——戏子登场，例须念引子报名，岂可算得唱；淫戏中的小旦、小生做了许多手势，只用胡琴衬托，并不开口，岂可算得唱；《下河南》中，许多丑角打混[①]，岂可算得唱……诸如此类，举不胜举。是足下所驳倒者，只一“二”字，鄙人自为批驳，竟可将全句打消。然我辈读书作文，对于所用字义，固然有许多是一定不可移易，却也有许多应当放松了活看的。这句话，并不是鄙人自为文饰，汪容甫的《说三九》早就辨论[②]得很明白了。

至于“多人乱打”，鄙人亦未尝不知其“有一定的打法”；然以个人经验言之，平时进了戏场，每见一大伙穿脏衣服的、盘着辫子的、打着花脸的、裸上体的跳虫们，挤在台上打个不止，衬着极喧闹的锣鼓，总觉眼花撩乱，头昏欲晕。虽然各人的见地不同，我看了以为讨厌，决不能武断一切，以为凡看戏者均以此项打工为讨厌，然戏剧为美术之一，苟诉诸美术之原理而不背（是说他[③]能不背动人美感，足下谓“吾人台下看去，似乎乱打”，似即不能动人美感之一证），即无“一定的打法”，亦决不能谓之“乱”，否则即使“极规则，极整齐”，似亦不能谓之不“乱”也。

刘半农

一九一八，四，二三

① 原文如此。依文义，今作“打诨”。

② 今作“辩论”。

③ “五四”以前“他”兼称男性、女性以及一切事物。［见《现代汉语词典》（第7版）］

答张寿朋（文学改良与孔教）

（一）原　书

记者足下：

寿朋昨日到一位朋友家中，幸获与贵杂志《新青年》相遇。看未终篇，不忍释手，便一口气看下去，自四卷一号至五号，接连五本，整整看了一夜。《易卜生号》以下，敝友处尚未买到，故某亦以未获尽阅为憾。统观大著，“於菟三教，气吞全牛”，洵不愧乎《新青年》三个字矣。但是，窃有欲进而与诸君商榷之处，请先向诸君道个歉，然后再说。

寿朋今年三十岁了，早在十五六岁的时节，就不幸遭了极悲惨的境遇，不能再求学问；到廿多岁时候，也曾在新闻界混碗饭吃，又不幸因为主张太过激烈，遭了大大的危险。自从近来这几年，多在僻野山村中过日子，饱尝那“与木石居，与鹿豕游”的风味，脑筋的陈腐不消说了。时势所趋，文学当然要改良，也不是一场什么大不了的事体，诸君又何必要大惊小怪的[①]树起一块“文字革命”[②] 的招牌来呢？难道是杜工部说的“语不惊人死不休”吗？诸君须知道，吾国的国民，和那惊风的小儿相似，越恐吓他，他越是不肯服药呢。所以寿朋想要劝诸君不要闹那“文字革命”，

---

① 当时用法，今作“地”。

② 原文如此。“文字革命”疑误，应是指“文学革命”。本篇中“改良文字”一语亦同，应是指“改良文学”。

只说个“改良文字”就够了。

男女的问题，非待实行共产主义，“衣食足而知礼义”[①] 之后，断不能得圆满之解决。若现在便要打破贞操的防围，好有一比，比如劝那受了风寒的病人吃荤吃鱼一般。依寿朋愚见，对于男女之间的问题，现在所亟宜主持者三端：

（1）勉励男子的贞操，俾与女子均分那为时势所限的痛苦。

（2）痛斥那男女间得新忘旧的行为、荒谬的恋爱。

（3）改革男女吃醋的恶劣根性，嫉妒、要挟、怨讪之恶德。（按：此三条，并行不悖。）

贵杂志所译述各种小说、诗歌，以及诸先生之诗，若《人力车夫》《宰羊》《落叶》《车毯》《相隔一重纸》《学徒苦》（此诗音调，大类古诗中之《孤儿行》）诸篇，无一非仁人之言、恻隐之声。当兹人道不明、良心麻醉之时会，得此电气之力频频感射，亦当稍有甦醒，第“不忍觳觫”一念，虽齐宣亦未尝不有，然究不足与为善者，不肯牺牲幸福，克制欲性，以尽救人之责故也。愚意以为，诸君以后所做的诗文，所译的小说，勿徒为悲天悯人，说消极方面的话；宜多从积极方面取材，庶足以“廉顽立懦”，俾豪杰之士闻风兴起也乎（古诗中之《东门行》、新小说中之《孤星泪》，很有这种意思）。

陀思妥夫斯奇之小说，仁人之言也。所谓“如得其情，则哀矜而勿喜”之意也。然此等观念，实不可输入这般恶浊众生的脑筋中。佛氏有言：“末世众生，业力深重。”他们听了这宗话，他将来要无恶不作，以为这非我的本心，便不妨去做了。

西洋哲学，寿朋无能为役。然窃观古代希腊 Eleatic 派积静非动之学说，以较僧肇的《物不迁论》，法藏的《华严义》《海百门》，形相似而相差实远。何以故？请举一例，诸君就明白了。昔南北朝时有一法师讲色空

① 原文如此。《管子·牧民》原文为：“仓廪实而知礼节，衣食足而知荣辱。”

义。他说："一微尘析为众微体时，众微体空，故微尘亦空。"秦跋陀禅师笑其谬误，乃正云："一微空，故众微空。众微空，故一微空。一微空中无众微①，众微空中无一微。"（不暇查书，约记其意）若积静非动之说，何以异于那位法师所说之色空义耶？诸君于本国学问每嫌其旧，而于西洋这种谬误的旧学却又不嫌，抑又何耶？

柏格森"直觉"之说，果如贵杂志所谓者，则决不得与程正叔"德性之知"相附会。必欲勉强附会，只堪拟于佛氏之所谓"投胎舍"耳。鄙见如此，尚祈诸君有以审之（程正叔"德性之知"是实有此知。不知柏氏之"直觉"，亦自己实有此觉否）。

近时德国 Eucken、美国 William James 二人之学说，看来未必与王阳明"知行合一"的性质相同，似无援引之必要。且王阳明之"良知"，当下即是，不更求之格物穷理。其谬误所极，不可胜道。在今日智识蒙昧之吾国，尤当摈之（如张勋之徒，其良知但知复辟为好而即行，知行合一者也）。

中国文字里面夹七夹八夹些外国字，这种体裁，寿朋绝对不赞成。即如前面写的那几个外国字，要把一幅纸移转来写，好不费神，读起来又不能成诵（中国文字的写法，发笔本从左而右，顾行列则从右而左，殊不可解。如今可以把行列改作从左而右，较为方便。或竟改作横列，则于夹西文为便。然读时毕竟困难）。鄙意以为，必须用外国字的意义添造些中国字，由中央大学研究会订定一部字典出来，久则必能通行全国。非但名词可造，即疏状词也可以造。乃至本国普通俗话之所有而文字之所无者，亦须要②造，如是，方足以资新文学之应用也［鄙意如取六书会意之法，则经济可造个'㨏'字：从手，从利。世界语可造个'譎'字：从言，从通；或'誤'字：从言，从共。论理学可造个'諲'字：从言，从理省；

① 原文为"一微空中无中微"，当误。今依文义改为"一微空中无众微"。

② 今作"需要"。

或‘詁’字：从言，从法省。如取谐声之法，则用西文之首音以为其声，而以‘贝’字‘言’字等偏旁配之。或一义一字，或一义两字随便。其音务明了，笔画不宜太多。盖所重者在字义，字义既详定于字典中（并附西文原字），则虽村学究，亦能知之矣］。

世界愈文明，则学术、新理愈多。一个人的精力那[①]里能够尽读世界各国的书？又安能遍学各国的文字？若定要学外国文字才能够研究外国的学问，则学英文者不能研究法、德、俄等国的学问，学法、德、俄文字者亦然。如是，则非遍学各国文字不可。此翻译一道所以为学问上一件极有利益的事也。文字若能添造，译学若臻完美，则求学之人将那些学外国文的日子省出来，别有用处，岂不好吗？若谓西籍浩繁，美不胜收，不能遍译，则先其重要者、精妙者、简易者，徐及其余。人之读书，贵在触类而长，因故知新，岂以享现成家业，徒多为务哉？

诸君读了外国的好诗歌、好小说，入了神，得了味，恨不得便将他[②]全副精神肚脏都搬运到中国文字里头来，就不免有些弄巧反拙，弄得来中不像中，西不像西。何以故？外国有外国的风气、习惯、语言条理，中国有中国的风气、习惯、语言条理。所以每有在外国极有精神、极有趣味的话，拿来中国却没有精神趣味了。若谙习外国文言的，自然全读外国诗，不用读得译本。既是译本，自然要将他融化重新铸造一番。此非有大才力，费大精神不能。如贵杂志上的《老洛伯》那几章诗，狠[③]可以读。至如那首《牧歌》，寿朋却要认作“阳春白雪，曲高和寡”了。因此故寿朋请诸君在翻译上还要费点儿神（责备贤者，休怪休怪）。

诸君不嫌老聃、庄、列，却要痛骂魏伯阳、张伯端，岂知道教旁门虽有多歧，真诀初无二致。《参同》《悟真》，即《道德经》之枝苗也。论起

---

① 旧同“哪”。

② “五四”以前“他”兼称男性、女性以及一切事物。［见《现代汉语词典（第7版）》］本篇下文同。

③ 旧同“很”。本篇下文同。

来，道家金丹之术，本来没有多大的价值，但现在也没几个真正懂得的。那些打坐运气的人，早是发了昏，堕入五里云雾去了，诸君却又当他做御女摇战（邪道未尝无此）的工夫，口孽造得不小。这些小道，就不懂得，也不算事。但是既不懂得，便犯不着胡乱骂人。诸君若要问寿朋懂得么①，寿朋只好答道：不懂。却愿意指引诸君去寻一位懂得的人问问。那人是谁？就是东洋最崇拜的明朝那位王阳明先生。

王莽学周公，曹孟德学文王，后来只有人骂王莽、曹孟德，并没有人连文王、周公也骂。诸君却因排康有为而诋及孔子，未免太猖狂得不成话了。就是康有为那老头儿他冒充尊孔也还不必与王莽、曹孟德同科。何以故？王莽、曹孟德是心术不正的小人，康有为却是太愚了。他少年时也抱了个狠大的志愿、救国的热肠，只是没有学问阅历，干一回事干坏了，他还不悔悟，他还要目空一切，以为孔子的本领不过如此，我已经比得孔子了。狂来狂去，狂到今日，越变成个蠢物了。他跟着辫子大帅去干那复辟的事，出乖露丑，至死不变；现在还要说些什么“共和”“共乱”的谵话，真正可笑，亦复可怜。这就是狂人的殷鉴。大凡学者之责任，应该排伪以崇真，明真以消伪。诸君恶康而并且诋及孔子，倘非感情之见，便是犯了心粗胆大的毛病。诸君要知道，人生不能出乎宇宙之外，决不能违天道的范围。孔子之道，便是天道。《易经》云：“天且弗违，而况于人乎？况于鬼神乎？”《中庸》里头几句说得好：“譬如天地之无不持载，无不覆帱。譬如四时之错行，如日月之代明。万物并育而不相害，道并行而不相悖。小德川流，大德敦化。此天地之所以为大也”云云。诸君若要仰面唾天，也只得由诸君罢了。

孔子之道是活的，不是死的；是遍的，不是局的；是精微的，不是粗犷的；是眼中看见十万步，脚下只用一步一步行去的。孔子之道，非是自己做得尽，是叫我们后世的人去继续光大的；是暴君挖破了的；是俗儒削

① 旧同“吗”。

坏了的；是现今一般妄人污蔑了的；却仍旧是日月一般的光明，我们睁开眼就看得见的。寿朋无似，为求那宇宙的真理、人生的正道、救世的方法，绞脑筋，耗心血，翻来覆去，几阅寒暑，才于孔子之道真信得过。诸君若还虚心，再将孔、孟的书研究一遍，程、朱的书参考一回，想聪明胜过寿朋十倍，不难一旦掉转头来。若那时再有疑义，提出几条问题出来，寿朋便当略抒所见，以酬诸君之雅意。所谓“不有益于公，必有益于仆”，若诸君不再看一看书，便轻易说话，寿朋就要请诸君恕他“一声勿响”。诸君现在胡乱诋欺孔子之处，寿朋亦不暇一一置辩。

此候

箸安。

张寿朋鞠躬

（二）答　书

寿朋先生：

康有为为人好歹，我们不去论他。至于他跟着张勋复辟，正是他的好处，因为他相信孔教，便要实行孔教教义、孔教的政治思想，他这始终一贯的精神到[①]可佩服，你为何要骂他出乖露丑呢？倘若康、张的事业成了功，必定大下上谕要尊崇孔子圣人之道，那时颂扬圣君（溥仪）、贤相（康有为）的，恐不止足下一人。如今康有为失败了，跟着下井投石，以成败论人，大可不必！

足下颂扬了半天孔子好，而所以然的好处却没有一字。鄙人说孔子不好，却确有证据，并非不虚心不看书轻易说话。前几号本志，鄙人曾有好几篇非难孔教的论文和答人的通信，请足下细细研究一遍，“若那时再有

① 今作“倒”。

疑义，提出几条问题出来，鄙人便当略抒所见，以酬足下之雅意”。若空说孔子好、孔子不好，都不足以服人。像足下此次空空的颂圣文，以后恕不答复。

陈独秀

一九一八，十二，十五

附录一　周作人答的信

寿朋先生：

来信中间，有关于我所绍介的文字者少许，略答如后：

贞操问题的比喻虽然极险，但这问题何以不是药饵，定是“荤鱼”，却尚有可商之处，所以不能鲁莽赞同。男女问题的圆满解决，固非共产时代不能成功；但局部的解决，却现在也可实现。那时“衣食足而知礼义”①，现在社会未知礼义，如何能知贞操？所以成了问题，正可提出研究。如因预想将来总有结局，此时便不必开口，则也有一比：比如人为潦水所浸，倘汲出若干，或自己垫高若干，原可较现状略略见好；今却云，潦水退完，一切都自完全干燥，此时不如浸者万勿说起也。至于提出的三事，（2）（3）本系坏事，也极望有人纠正；（1）的男子贞操，不知是否男子也不续娶，与女子一样守著肉体上的贞操，抑系别的意思，无从悬揣，所以不能妄下是非。

以前选译的几篇小说，派别并非一流。因为我的意思，是既愿供读者随便阅览，又愿积少成多，略作研究外国现代文学的资料，所以译了人生观绝不相同的Soiogud与Kuprin，又译了对于女子解放问题与易卜生不同的Strindberg，实不觉“徒为悲天悯人，说消极方面的话”。至陀思妥夫斯奇之小说，本以为坏人中也有人性，可以教导改善；可见社会情状改良以

① 见125页注释①。

后，恶事都将消灭，不必灰心。正是使“豪杰之士，闻风兴起”的话，来信却又以为听了“将来要无恶不作”。原来“末世众生，业力深重”，至于如此。我不解佛学，真是无从知道了。

《牧歌》原文本“高”，译的[①]不成样子，已在Apologia中说明，现不再说。至于“融化”之说，大约是将他改作中国事情的意思；但改作以后，便不是译本；如非改作，则风气习惯如何“重新铸过”？我以为此后译本仍当杂入原文，要使中国文中有容得别国文的度量，不必多造怪字。又当竭力保存原作的“风气习惯，语言条理”；最好是逐字译，不得已也应逐句译，宁可“中不像中，西不像西”，不必改头换面。譬如六朝至唐所译释教经论文体，都与非释教经论不同，便是因为翻译的缘故。但我毫无才力，所以成绩不良，至于方法，却是最为正当。唯直行中夹入原文，实是不便的事；来信以为可“竟改作横列”，我却十分赞成。

周作人

七年十一月八日

附录二　刘叔雅答的信

寿朋先生：

仆素不想冒充“学贯中西”，所以绝不肯“勉强附会”，所以提及程正叔者，取其“不假见闻”四字而已。来教问“不知柏氏之直觉亦自己实有此觉否”。柏氏方在巴黎College de France当教授，请去问他自己可也。

刘叔雅

十二月五日

---

① 旧同“得”。

答莫等（鬼相之研究）

（一）原　书

独秀先生：

读贵志（《新青年》）第二号，知对于有鬼问题，又有所争辩。此事固由一辈人闭眼胡说，或牵合附会所致。然亦以世界学者无明了的解释，不能予世人以满足，而诞幻之说遂乘之以生。此在外国犹然，某某辈盖无足责也。鄙人对此问题，研究有日，从根本上可以断定无鬼。而于摄鬼相念写等事实，则积极是认之［此等事实，散见于东西书籍，确凿可信者甚多，不胜枚举（后有辩论，当随时援引）。最近如俞复、杨廷栋等，均云摄得鬼影，语亦可信，俞复更云能于无光处摄影及摄得山水等影，愈可证后理之确凿也］。兹略陈意见如下：

人之所以觉知物质者，以其有微细分子之放射波动以太，而神经为之感动也，此种放射人类亦有之。外物与吾本无直接关系，其所以能入解官者，以有色声香味等性也。据近世物理学、化学之研究，色等本无自性。不过物质放射一种极微分子（此种极微分子，将来亦可望见及。以现时所用极端显微镜，可以见百万公分之一，去从来假定之有机体分子不远矣），调动其附近以太而传播于吾人觉官之结果。此等极微分子之放射，无论何物何时皆有之。如热虽在冰点下二百余度[①]，犹放射不绝。声亦无时不放

---

① 原文如此。今表示温度需用“摄氏度”“华氏度”。

射。但每秒不达十六次以上颤动，则吾人不闻。光尤然。法人鲁滂至谓世界实无黑暗。彼乘夜而出之鸟兽，可以有见。吾人感官特不发达耳。此言物体寻常之放射也。至物质解体时尤有特殊之放射。其强烈之度，更千万倍于此。依现在所发见，此等物质已有多种。其中如镭锭者，无所不存在。虽泥土空气，均有极微之量。若能集合少数，便有极强之光热。依鲁滂说，物质在世界，无时而不消散。此种解体，为直接之消散。而寻常则平衡未破，消散尚少，故其发射有微著不同耳。吾人既为物体之一，当然有寻常之放射。至特殊之放射，依理亦可有之，但非必与物质有同一之状态也。［解剖人体，所含元素，人而不同。或其中混有此等放射物少量，凝集网膜，便足通过障碍远而见。鄙人旧日曾以此释透视之事，近读日本文学博士福来友吉《透视与念写》一书，始知其误。彼实验两妇，能于三枚或十二枚之干片中，书写清朗之文字，而上下则无痕迹。（此事经多人立证，甚可信。福来氏书十余万言，插真迹图数十幅，专纪之，唯并无论断。）可见非直接放射所致也。］

人当精神凝集时可以任意变动身体之各部分，及其发生物。手足筋肉，属于随意筋，人可以自由运动之无论矣。其有不随意者，依于精神集注之结果，亦得变动。如入催眠状态时，依于术师之命令，能使人身变成坚木，可以抵御刀针等暴力。又可以使为种种之活动，或变易声音等（尚有奇异现象甚多，兹嫌词费，不及陈）。此均关于实质之变动也。至其发生物如分泌之多少、血液之停流、体温之升降、机感之盛衰、呼吸之迟数[①]等，更无一不可随意变动。此在常态心理时亦有发见，唯不能如变态时之显著耳。

据上二则，则人类身体有发生物，亦有放射物。发生物如血液、涕唾等，固有形质；放射物如香气、光线等，亦有形质（麝香、镭锭虽极少量，可耐数百年，然非永不缺少，则有形质可知）。不过其分量不同，斯

① 原文如此。今作“速”。

隐显有异。实则同为一体所发生，可以随意凑集于内，亦必能随意凝集于外。既能凝集，则摄鬼影念写等均可解释。即是等术者，可以使动光类放射物透过障碍（此是有限度的）而集影于干片，故成所谓鬼影及念写也。

此外对于热力等之化用，亦可与以同一之解释。如印度术士之咒水令拂，及日人武内天真能令时计笔筒自行移转等［吾乡有降神女人，能令水热，言者凿凿，惜未一见。吾颇欲使入催眠状态者试之。又欲变通勃兰塞及魔摆等法，设一种易移动之物，而使催眠者移动之（陈百年先生谓西洋曾有人实验魔摆，不能自动，此诚然，以纵有放射力，当有限度，不能从室外撼此一丝之物也），均未果。世有好事者，不妨先我一试也］，与此更可互为佐证。

鄙人旧曾搜集此种事例不下百数十条，颇欲以归纳法发见其一定之法则。近已稍稍就绪，唯尚无余暇以足成之。兹先以一部分发表于贵志，颇欲引起海内学者之研究，或加以是正，则真理出而邪说息，世人亦可以免于眩惑。否则枝枝节节而求之，虽日辨[①]万言无当也。贵同人多明达之士，其亦以为然否乎？馀不尽。

莫等上

（二）答　书

莫等先生：

足下提出的意见，已经王先生用“化学”的见解，陈先生用“科学方法论”的见解（均见后附录），说得颇清楚，不用鄙人多答的了。但是鄙人也有几句话奉告足下，请研究时要留意：宇宙间万象森罗中，有客观的实质和主观的幻觉二种。实质有对境，如高山、流水等；幻觉无对境，如

① 今作“辩”。

海市、空化等。有对境者为实象，无对境者为幻象。实象之组织未改变时，时时可入吾人的感官。幻象便时隐时现，因为本无是物，不过是吾人主观的幻觉；不若那有对境的实象，人人可见，时时可见，不随吾人主观改变的（有时有部分的改变，也是吾人主观的幻觉）。即假定鬼相是人身的放射物，当然是有对境的实象，而何以时隐时现呢？

陈独秀

一九一八，十二，十五

附录一　王星拱答的信

莫等先生：

读足下致独秀先生书，以科学解释吾人未能解释之问题，讨论归于正轨，无任钦佩。然来书所讲解，仍不能清晰确切，或因名词不的，致有误会欤？兹将鄙人之疑点陈列于下：

（一）来书所谓极微细分子究作何解？近人以分子译 Molecule，以原子译 Atom，以电子译 Electron 或 corpscle[①]。如谓极微分子为 Molecule（分子）或 Atom（原子），则未闻分子或原子能放射者（如放射二字，依现今承认之意义言之）。惟镭（Radium）、釷[②]（Thorium）及銕[③]（Actinium）当放射光线（Rays）时，另发出泄物，Emanation 确为气体，可冻成液体，可以分光镜考察其光份[④]（Spectrum）。然此种泄物，为其母原质之原子疏解（Atomic disintegration）之产出物而又变为他原质。泄物之发出，与光线之放射，虽是两事，然永相依而行。未有物质无光线之放射，而有泄物之发出者。光线放射，泄物发出，皆惟铀（Uranium）与 Thorium 二类原质

---

① 原文如此。疑误，当为“corpuscle”。

② 今作“钍”。本篇下文同。

③ 今作“锕”。本篇下文同。

④ 今译“光谱”。本篇下文同。

有之，不能如来书所云“无论何物何时皆有也”。如谓极微细分子为Electron（电子），如放射物所放射之LBR光线中所有者。然电子之体量，依汤姆生（Thomson）算，等于轻[①]之原子之体量之一千七百分之一，轻之原子圆径为$\frac{14}{100\ 000\ 000}$米里密达。电子之圆径，又为此数之一千七百分之一，其小极矣。现今极端显微镜用Zigmondy氏之法，可于如胶的溶液中窥见$\frac{6}{1\ 000\ 000}$米里密达之圆径之微点（Particle，微点乃小物质之总名或为一分子或为多分子集合一处）之摆动。有机物中，如蛋白Egg Albumen（分子重量为一千七百）、胃酵（Pepsin，分子重量为一万三千）等，其分子甚大，自可以此法窥之，至电子乃现今设想物质极小之单位，未闻如来书所云“将来亦可望见及也”。

（二）来书所谓放射是否为Radioactivity？如所云放射，亦如现今承认之意义为Radioactivity，则不能如来书所云，热无时不放射，声亦无时不放射。夫辐射之热（Radient heat）与光，同为以太摆动之结果，故与光受同一物理的定例之管辖。然此种以太之摆动（见后文）与放射体之发出泄物，与放射LBR光线，迥非一事。至声为物质摆动之结果，更与放射无关。

（三）来书之寻常放射、特殊放射究作何解？吾人现今研究之放射的化学，皆为原子疏解（与来书中解体同义）之原质之化学（来书所言特殊放射或指此而言），放射乃原子之性质，言其变迁，皆在原子之内，非如普通化学以原子为单位者也。无物理的方法可增减放射之速率（放射者，专指LBR光线之放射而言，若泄物之发出，可因温度高低而变）。LBR之放射，以原子疏解而生。原子为何疏解，其理论有二：

① 今作“氢”。本篇下文同。

（1）亚姆司特郎（Aimstrong[①]）曰："凡有放射性之原质，皆由氰（Helium）[②]与他原质所化合。因放射体所产生之物，其中必有氰。氰与他懒气体（Inert gases）性质虽懒（言不能生化学变迁也），然与他原质相合，则化力极强，故有放射之性质。如淡[③]气性质亦懒，然凡与淡化合之物，化力极强，如各项炸药是也。"此种理论，全以与淡气之推较为据，基础不能稳固，近世信者甚少。

（2）鲁司物（Rutherford）与苏底（Soddy）曰："凡有放射性之原质，则原子之组织皆不固，故原子之各部解散，是为原子疏解，是生放射之现象，当其疏解之时，有甚大之能力发现，故放射 LBR 各光线。"是说也，复有汤姆生之电子说助之。汤氏曰："凡原子皆为许多电子集合而成。电子自动。若自动之速率缓于一定之界数，则不能牵摄各电子而成原子，于是原子不稳固，遂破裂（即疏解）而生放射光线之现象。"

现今所用放射之名词，俱代表此现象而言。热与声不能言放射也。来书所言特殊放射，想系以上所言之放射。至寻常放射，现象如何，则现今科学中所未闻及者也。

（四）无论何物何时皆放射，是否有科学的根据？能生以上所言放射现象之原质，依吾人之官肢，再以仪器辅助而研究所得之结果而言（凡官肢所不能考察，再以仪器辅助之而不能考察，科学家决不承认为已定之事实），仅有铀（Uranium）与钍（Thorium）及铀钍所生之原质而已。他原质不能也。［钾（Potassium）、铲（Rhubidium）二原质亦稍放射 B 光线，然铀铲决无变为他原质之事实，故二者之放射极少 B 光线，与铀钍类之放射 LBR 光线是否相同，尚不可知。况放射皆为极重金类之性质，钾铲甚

① 原文如此。疑误，当为"Armstrong"。

② 今作"氦"。本篇下文同。

③ 今作"氮"。本篇下文同。

轻，不能与铀釟有同一之放射。］至放射体之发射，有平衡以持之，诚然。如铀之与镭，永成一百三十五万与一之比例，言有如许之镭变为他物，必有如许之铀变为镭以辅足之。故镭之放射不增不减。镭之平均寿数，可由直接试验得之。铀之平均寿算，可由铀与镭之直接关系而得之。若云铀既变镭，镭既变为他原质，则所有原质，如炭[①]轻等等，亦当有如此之变迁，此中古自命为亚里士多德哲学家所用之三理推论法也。今日科学昌明，此法尚能行乎？但西方学子，亦曾有一时有此意见，不足为怪。然决无以此为已定之事实者。苏底曰："虽有人曾以为（毫无根据）所有物质，多少有些放射，如古时曾有人以为所有物质，多少有些磁性；但今日吾人仅承认，放射者乃一极罕见的物质之性质而已。"至云镭无所不存在，虽空气泥土，皆有少数，更为无稽之谈。若云空气中有氩，氩为放射体产出物之必有物，故镭亦为空气中之必有物，无科学的证据。然吾人化验空气而得氩，则承认空气中有氩，化验空气而不得镭，则不能承认空气中有镭也。又产生放射体之矿物有数，如黑铟矿（Pitchblende）、加挪（Carnolite），皆为极罕见之矿物，未闻普通泥土中能有此等矿物者。则泥土中之镭何由来乎？若云人身亦有此等放射物，更与事实相反。凡有机物之吸收食料，皆因渗漏压力（Osmotic pressure）由食管或根[②]而入躯干之各部。故可吸收之食料，必为溶液。凡重金类，皆不能溶解于水，故不能入有机物之躯干。铀、釟、镭皆金类之重而又重者，安能入人身乎？

（五）色声臭味自科学方面言之，不能相提并论。色者，缘于物之收吸太阳之不同的光份而定。声与光热，俱为动能力之换相。物质分子（molecule）自动不已。自动速时为暖，自动缓时为冷。因分子自动而摆动以太，是为辐射之热，是为光，可以传于他物。因分子自动而摆动空气或他物质，是为声。至臭则由于物之少数分子与嗅官相触而生。故有臭之

① 今作"碳"。

② 原文如此。

物，皆为有机物，因有机物皆有升发性（Volatility）也。味亦然，但非少数分子与尝官相触所可生耳。夫热与光、声皆为动能力之换相，皆由分子自动（非放射）而生，则凡物未到绝对零度（Absolute Zero）270[①] 以前，尚有辐射之热，可传于较冷之物，自不待言。黑暗尚有光，静时尚有声，亦无足怪。以聋聩与常人相较即可知，不须以夜出之鸟兽为喻也。

（六）鲁滂物质消灭之说，并无科学的根据。鲁滂非放射化学家，欲用放射化学而成其学说，谓放射之光线为黑光（Lumiere Noire）。然其“物质无时不消灭”之谈，仍系玄想的（形而上的，Metaphysical）非证实的（Positive），不足引以为据。且放射体之化学，可容物质消灭之设想，并不能证明物质之消灭之学说之确实，依放射体的化学而言，可设想自有放射性的原质之原子放射出电子，或聚集而成氙，或聚集而成他原质。倘有电子逃失于以太之中，则一原子每次放射之后，其本身之物质，必消灭若干。此不过一空浮无着之玄想，非科学家所承认之定论也。

王星拱

附录二　陈大齐答的信

莫等先生：

读致独秀先生信，知足下对于鬼问题，从根本上就断定无鬼，正和本志（《新青年》）同人意见相合；但足下对于鬼照念写等事实，积极是认，则记者未敢苟同，略为讨论如下：

吾们对于鬼照念写这些新奇现象，顶重要而且应该顶先解决的问题，不是理论上的解释，却是事实上真伪的证明：一定要先证明了这些现象是千真万确的事实，然后再立出一个假定来去解释他[②]们，方是正办；倘然

① 原文如此。绝对零度是摄氏零下 273.15 度。

② “五四”以前“他”兼称男性、女性以及一切事物。［见《现代汉语词典》（第 7 版）］

还没有证明这些现象是真是假，预先设一个想像的假定，从这想像的假定推论下来，说："因为这样，所以那样的事实也可以有的"，这种办法实在是劳而无功。因为辛辛苦苦把他们解释明白了，假使一旦有人证明这些现象全是假的，把他们根本推翻，吾们能拿了吾们想像所设的假定去保护他们吗？既然是假定，当然不能做演绎推理的前提，当然不能有代结论辩护的能力。来信所论，不免犯了这一层毛病。

来信对于鬼照念写等现象，只说"确凿可信者甚多"，"经多人立证，甚可信"，对于东西学者肯定的报告，只有承认，没有讨论。足下或者另有承认的理由，尚祈赐教。

来信的主要论旨，不外拿了"人的身体有放射"和"人能随意放射"两个假定来证明鬼照念写这些现象是可以有的。人的身体有放射，和事实相反，毫没有科学的根据，另由王抚五先生详细说明了。人的身体既不能有放射，则随意放射一层自然也不能成立。退一步讲，人的身体在事实上能有放射与否，姑且暂时搁在一旁不去论他，足下既以此为说明上的假定，我们也姑且暂时认他做一个假定。但是没有证明是真确事实的假定，用了说明一种真确的事实还可以，倘然想用了证明那未证明的现象的真确，是断断不可以的。鬼照念写等是事实上没有证明的现象，我们岂能用那事实上没有证明的假定做一个前提，依照演绎推理法去证明他们的确实吗[①]？所以记者的意思，第一要紧的还是事实上证明。等到证明了鬼照念写等是千真万确的事实，到了那个时候，我们才可以想出一个合理的假定来去说明他们。现在还没有证明他们的事实，随便立一个假定想去证明他们，不但劳而无功，并且违背科学的研究方法。

足下既"从根本上可以断定无鬼"，却又承认鬼照。细读来信，似以念写解释鬼照，却又没有明说："鬼照是照相者念写的结果。"我的推测大概不错，不然，足下自相矛盾了。鬼照和念写，在平常意思讲起来，两种

① 原文如此。依文义，今当作"呢"。

现象截然不同，倘然不明白说出“鬼照是念写的结果”，傍人[①]不易理会。足下但用“术者可以使动光类放射物”，同时解释鬼照和念写，语句含混，不免使人生疑。

来信第二段末句云：“可见非直接放射所致也”；第四段中又以“术者可以使动光类放射物”解释念写。这两段假使文字没有错误，岂非自相矛盾吗？若说“可见非……”这一句是承上文“释透视之事”而来，专指透而讲，但“可见非……”这句明明紧接“彼实验两妇……则无痕迹”；“彼……迹”是讲念写，则又不免把透视和念写弄混了。

来信对于鬼照念写等现象之真实，只有承认，没有讨论，所以我要请足下对于这一层加一点注意。足下既以念写解释鬼照——如上文所论——所以念写的真伪是一个更重要的问题。

念写这种现象近来在日本最流行，在西洋却没有听见。日本研究念写最有名的人便是福来博士，日本人一提起了念写，差不多没有一个人不联想到福来博士的。福来博士是记者的受业师，记者在别的方面也很佩服他，但是他对于念写的实验，实在没有科学的价值。这也并不是记者一人的见解，日本有许多人对于他也下这样的批评。福来先生是信仰念写的人，胸中先有了成见，所以实验的时候并不想种种预防的方法去防术者的作弊。所以他实验的成绩丝毫不能证明念写的真实，他虽大吹大擂的[②]主张，并没有信奉的价值。足下读了他的书，不免为他的偏见所蒙蔽了。

日本有念写能力的人，除福来先生外，别的学者也研究过的。从前有个长尾夫人，近来有个三田光一。足下倘想脱离福来先生偏见的束缚，我可以推荐几种和福来先生反对的著作，请足下看看。关于长尾夫人的念写，可看藤及、藤原两理学士的《千里眼实验录》；关于三田光一的念写，

① 今作“旁人”。

② 当时用法，今作“地”。

可看《心理研究》第七十六号本田亲二君的《三田光一氏ノ念寫ニ就テ》,《心理研究》第七十四号和第七十五号里也有可看的报告和批评；佐藤富三郎的《手品式念寫實驗》尤为有趣。足下倘然看了这几种报告，一定可以明白长尾夫人和三田光一的念写都是骗人的。念写既是假的，足下当做念写结果的那种鬼照，在理论上也便失却根据了。

足下谓俞复等的鬼照也都可信。我看了他们《灵学丛志》那样的荒谬，只有摇头而已。来信说："均云摄得鬼影"，可见足下并未亲眼看他们照，不过听见他们这样说，足下也未免太轻信了。这种新奇而且不合常理的现象必须经过科学上严密的实验，对于种种防弊的方法，丝毫不露出作伪的破绽来，方才可信。俞复等的鬼照既没有经过科学上严密的实验，只好让他们闭眼胡说，岂可轻易相信？我记得前几月《小时报》上有研究照相的某团体说：他们的鬼照有作伪的痕迹，所以要想和他们共同研究，好去监视他们——日子、团体的名称和新闻的正确内容，都记不清楚了——后来不晓得有没有实行，报上却没有看见。我想他们的盛德坛有那样深闭固拒的坛规——见《灵学丛志》——未见得肯轻易让人实验罢[①]。

中国的鬼照固然不可信，外国的鬼照也不可信。法国从前有一个照鬼相的人，照的鬼相很像那鬼未死以前的容貌，所以很得人的信用，真是门前成市，生意异常兴隆。当时也曾经有人去实验他，看不出一点破绽，所以越信他是鬼的真鬼相。不料一八七五年法国官看破了他的诈术，把他捉了去，并且在他家里搜山许多伪造鬼照的证据来——例如，伪造的鬼头、鬼衣等类。公判之日，招了许多证人来，证人们都说：他的鬼照是真的。看见了伪造的证据，还有几个人半信半疑。连这样可笑的事情都有，所以不但传闻的不足信，就是亲眼看见的也不甚可信；必须经过了科学上极严密的实验，才可信哩。所以我劝足下对于鬼照念写等的真伪，须先仔细研究研究，不要轻易相信。

---

① 旧同"吧"。

来信说：“曾搜集此种事例，不下百数十条，颇欲以归纳法发见其一定之法则。”足下所搜集的事例，不知是传闻的，还是亲见的？传闻的固然全不足信，亲见的也未必可信。倘然没有经过科学上极严密的实验，正和鬼照的情形相同。因为无论是别人的观察或是自己的观察，总免不了许多错误。不过一经传述，错上加错，更说不定错到什么地步。关于这一层，记者前在学术讲演会讲《心灵现象论》的时候略略讨论过，现在不细说了。所以记者又要奉劝足下搜集事例的时候，千万小心，切不可盲信。

陈大齐

一九一八，一，二四

答易宗夔（论《新青年》之主张）

（一）原　书

适之、独秀两位先生大鉴：

我国数千年来，文化毫无进步，虽有种种的原因，而言文不能一致却是一个最大的原因。鄙人在十余年前即有这个议论，主张言文一致的道理。彼时寡调独弹，竟没有一个人能明白这个理由，鄙人也就不往下说了。前月鄙人请蔡先生吃饭，席间偶然谈及此事，听蔡先生说两位极力提倡文学革新的道理，发行一种杂志，发挥的[①]狠[②]透彻。鄙人就破费几文，买《新青年》回家一看，才晓得两位见解的高超，实在佩服得狠。但是鄙人对于这个道理，所见微有不同的地方，不能不向两位上一个条陈。

独秀先生主张推翻孔学，改革伦理。鄙人以为见解太高了，不适宜于现在社会的情形。我们因为中国不懂文字的人太多，非以白话为文章，教育便不能普及，我们尽可用白话编国民小学的教科书，用白话写信，编成尺牍便览，发行几种白话报，廉价出售。办事的时间惟恐不够，那[③]里有闲工夫推翻甚么孔学？改革甚么伦理？惹起那班不三不四的乡学究、村夫子，惟恐砸破他的饭碗，不得不起而反对之，到[④]是我们主张言文一致的

① 旧同“得”。

② 旧同“很”。本篇下文同。

③ 旧同“哪”。

④ 今作“倒”。

障碍物了。

适之先生谓“死文言决不能产出活文学。中国若想有活文学，必须用白话，必须用国语，必须做国语的文学”。这个道理狠对的。惟欲破坏甚么桐城派的古文，甚么《文选》派的文学，甚么江西派的诗，且欲取而代之，据鄙人看来，却可不必。我们但办我们言文一致的事业，看他们的古文骈文诗句，恍惚是春天的鸟叫，秋日的虫啼，既不能禁止他[①]不叫不啼，又何必取虫鸟而代之？如此办法，省却许多的唇舌，保存许多的精神，拼命的[②]向言文一致的前途进行，庶可以达我们改革新文学的目的。

鄙见如此，不知两位新文学家以为然否？尚祈赐教。

即颂

大安。

弟易宗夔谨启

再者，鄙人著有《新世说》一书，却完全是文言书。呈上自序及例言广告，两位尽可作鸟叫虫啼之悦耳。内有一则，与两位有关系，写上一阅。

> 近来陈独秀、胡适、钱玄同、傅斯年诸君，发刊《新青年》，创为文学革命之义，主张以白话为文章。胡之言曰：“死文字决不能产出活文学。中国若想有活文学，必须用白话，必须用国语，必须做国语的文学。”陈则力主推翻孔学，改革伦理，为根本上之解决。钱并主张废去汉文，另采用一种文法简赅、发音整齐、语根精良之人为的文字。傅则欲铲除中国学术思想界之基本误谬，谓吾国数千年来所有

---

① “五四”以前“他”兼指男性、女性以及一切事物。[见《现代汉语词典（第7版）》]

② 当时用法，今作“地”。

学术为阴阳学术，所有文学为偈咒文学，若非去此误谬，自与西洋文明，扞格不入。观诸君之绪论，类皆以旧文学为死文学，须一律扫除，主张言文一致，于新文学界放一异彩。若能去激去偏，推行以渐，未始非吾国文化进步之一转机也。

（二）答　书

宗夔先生：

承示深为感佩。

仆等主张以国语为文，意不独在普及教育；盖文字之用有二方面：一为应用之文，国语体自较古文体易解；一为文学之文，用今人语法自较古人语法表情亲切也。

今世之人，用古代文体语法为文以应用、以表情者，恐只有我中国人耳。尊意吾辈重在一意创造新文学，不必破坏旧文学，以免唇舌。鄙意却以为不塞不流，不止不行，犹之欲兴学校，必废科举，否则才力聪明之士不肯出此途也。方之虫鸟，新文学乃欲叫于春啼于秋者，旧文学不过啼叫于严冬之虫鸟耳，安得不取而代之耶？

旧文学，旧政治，旧伦理，本是一家眷属，固不得去此而取彼；欲谋改革，乃畏阻力而牵就之，此东方人之思想，此改革数十年而毫无进步之最大原因也。先生以为如何？率覆不备。

胡适之　陈独秀

一九一八，十，十五

答爱真（五毒）

（一）原　书

独秀先生：

冰弦先生说："如《新青年》者，允为吉祥文字，日处沉沉地狱之中国，仅此新声，微微刺我耳膜，但觉片时舒服。"我读《新青年》也觉得是这样。

自从四卷一号直到五卷二号——四卷以前我没有读过——每号中，几乎必有几句"骂人"的话，我读了，心中实在疑惑得狠[①]！

《新青年》是提倡新道德（伦理改革）、新文学（文学革命）和新思想（改良国民思想）的。难道"骂人"是新道德、新文学和新思想中所应有的么[②]？《新青年》所讨论之四大事项中，最末一项曰"改良国民思想"。可见先生等已承认现在国民思想的不良。然而先生等遇见了不良思想的人，每每便要痛骂。这是什么道理呢？这恐怕与改良国民思想有些相反罢[③]？

先生不赞成中国戏的"乱打"，说他[④]是"暴露我国人野蛮暴戾之真

---

① 旧同"很"。本篇下文同。

② 旧同"吗"。

③ 旧同"吧"。

④ "五四"以前"他"兼指男性、女性以及一切事物。［见《现代汉语词典（第7版）》］本篇下文同。

相”。我以为“痛骂”和“乱打”，也不过是半斤和八两罢了。

若说：“凡遇了不可不骂的人，我们不得不骂。”那么人家也可以说：“凡遇了不可不打的人，我们不得不打。”

若有人说：“骂人是言论自由。”那么，人家也可以说：“打人是行动自由。”

先生似乎也说过“改造社会”的话。是《新青年》不仅提倡新道德、新文学和新思想而止，并且还主张改造社会。若然，则我愈加佩服了！

我尝问我自己：“社会为什么要改造？”“社会怎样会得不良？”

世界上有五种最大的毒物——（一）国家主义，（二）宗教主义，（三）家族主义；（四）资本制度；（五）污浊思想——布满在宇宙的里面。社会的不良，人心的顽固，都因为受了这种毒气的缘故。这种毒气的利害，就是“百斯笃”也终是“望尘莫及”。所以明达如先生辈，也不能马上跳出此毒气范围。——例如《驳〈共和平议〉》《今日中国之政治问题》……的文；“国语的文学”“文学的国语”“你还想中国在二十世纪算一个国”……的话——不过那一般普通人所受的毒，较先生等愈加深了。

一个人受了这种毒气，和受了“百斯笃”疫气，实在是差不多。

若这个人所受的疫气较浅，尚可医治的，我们应当替他医治。若这个人所受的疫气较深，已是不可救药的了，我们也是无法，只好让他死掉。——然而终究不应去骂他！

用种种消毒的方法去扫除那凶恶的疫气，是我们应尽的本务！——这是人道主义！

先生！现在的社会，实在不堪的了。先生如不以改造社会为目前当务之急，我也不用多说；否则，还请先生等速速跳出此毒气的藩篱，扫除这五种最大的毒物！

我抱了扫毒主义已有七八年了。无如帚小力微，所以收得的效果很小。

先生等都是大学教授，都是大学问家，帚大力大，扫起来自然是比人家格外利害，将来的收获也一定是格外丰富的！

五卷二号钱玄同先生答任先生文中有“至于玄同虽主张废灭汉文……”一段话。钱先生到底是个聪明人，把既要废灭汉文又要改良汉文的理由说得实在充足。然而这段议论，幸非做在民国元年以前。否则，被那刘师培一班人看见了，他们一定要把他抄去，做个护身符。设使有主张共和的人反对他们，他们就可学了钱先生的口吻说：“我们狠主张废灭君主专制政体，然君主专制政体一日未废灭，即一日不可不改良。譬如一所狠老狠破的屋子，既不可久住，自须另造新屋，新屋未曾造成以前，居此旧屋之人自不得不将旧屋东补西修以蔽风雨。但决不能因为旧屋既经修补，便说新屋不该另造也。”独秀先生，设使在七八年前，有个人对你讲这样的一番话，你对了这个人，应当作怎样态度？

我近来宝爱新道德、新文学、新思想和新青年的热度，一天高似一天。厌恶那五种毒物的热度也一天高似一天。所以就不顾文字的不通，语言的无伦，老了脸，赤了耳，写这封“荒谬绝伦”“胡说八道”的信与先生。

先生看了这封信，以为这是奴隶根性的话，不要脸面的话，凉血动物的话，那么，请先生把这封信践之，踏之，可也！撕之，焚之，可也！上坑时当他草纸用，可也！否则，还请先生示我以详细的教言！

爱真上

新世纪十八年，十一月，廿六日

（二）答 书

爱真先生：

尊函来劝本志不要“骂人”，感谢之至。“骂人”本是恶俗，本志同人自当有则改之，无则加勉，以答足下的盛意。但是到了辨论[1]真理的时候，本志同人大半气量狭小，性情直率，就不免声色俱厉，宁肯旁人骂我们是暴徒，是流氓，却不愿意装出那绅士的腔调，出言吞吐，至使是非不明于天下。因为我们也都抱了“扫毒主义”。古人说得好，“除恶务尽”，还有什么客气呢？

鄙人现有两句话请问足下：（一）玄同先生说“谬种”，说“妖孽”，固然是骂人；而足下说“毒气”，说“毒物”，是不是骂人呢？（二）足下列举毒物五种，因为我们骂人，也在这五种范围以内，但不知骂人的毒是归那[2]一种呢？

足下既然厌恶那五种毒物的热度一天高似一天，又抱了扫毒主义，那是好极了。但是奉劝足下：以后就是有人把毒气喷到你脸上，千万不要“骂人”，要紧，要紧。

独秀

---

① 今作“辩论”。

② 旧同“哪”。

答知耻（工人底[①]时间工资问题）

（一）原　书

独秀先生：

上海劳动状况至为复杂，概括言之：每日工作时间，大约自九小时至十三小时；每月工资，大约自五元至三十五元，工人生活虽比不上达官巨商，然较之乡野贫苦食力之辈无工可做者，稍胜一筹，普通皆能衣食饱暖；其工作技能较高者，在休假日亦衣服楚楚。以仆所知，最苦者为小工、商店之学徒，如小翻砂作即其一例：工作时间无定，无工资，早起作工，恒至半夜才得休息。缫丝厂女工之虐待小女工，亦极可惨。印刷工、纺织工尚无虐待情事，其生活状况，亦尚不恶。小码头工甚劳苦，而近来工资已增加数次，为数不小；惟收入虽增，而不知善用，故仍褴褛不堪。总之，工人缺乏知识，非注重工人教育，则减少工作时间、增加工资，适足以资其为恶。

据郭外峰先生言，日本工人已有这种现象，增工资减工时之结果，不但出品减少，而且恶劣，因工人习于游惰，不能如前之尽心工作也。故仆之愚见，减少工作时间必与施行强迫工人教育并行；如减少工作时间一小时，即以此一小时供强迫工人教育之用；而增加工资又必须

① 旧同“的”。本篇下文同。

与强迫工人贮蓄①并行：如此庶不致浪费时间及金钱，而于工人方面可得实益。

再吾国工业今方萌芽，求工不得之人到处皆是，研究劳动问题当着眼于全社会之利益，尤当着眼于工人本身之实在利益；若一味效法欧、美，鼓吹破坏，仆以为非徒无益而又害之，日本之前车可鉴也。质之先生以为如何？

知耻上言

（二）答　书

知耻先生：

工人底教育和储蓄固然是要紧，但是另外的问题，不能做减时增资底必须条件。社会上有钱不做工的人很多，因何理由要强迫穷人非增加教育时间不能减少做工时间呢？工人劳力所生产的价值，远在他们每日所得的工资以上；这工资以上的剩余价值，都被资本家抢去，叫做"红利"分配了，所以工人所得工资就是能够衣食饱暖，就是衣服楚楚，而被抢的权利仍然是绝大的损失，终久是要大声叫冤的；因何理由必须强迫工人贮蓄才能增加工资呢？浪费时间及金钱与否，是工人自己利害所关，不劳他人强迫；若资本家借口教育、储蓄问题来阻止减时加资，实在是笑话。尊论以为研究劳动问题，当着眼于全社会之利益，这句话真是名言。但全社会底界说，不是资本家独占的意思才好，不是工人除外的意思才好。照先生和郭某底意见，欧、美、日本底工业界，都是破坏的气象，都是出品减少而且恶劣，工人都习于游惰；那末，此时世界上只有我们中国工人勤俭、安分，只有我们中国工业界出品增多而且不恶劣。好极了，欧、美、日本也

① 原文如此。原书本篇"贮蓄""储蓄"并用，为保持原书风貌，均从原书。

有不及中国的一日！不但先生及郭某有这样见解，欧、美、日本底资本家，诚然应该叹美中国工人能安分做牛马，比欧、美、日本喜欢破坏的工人驯良得多；但是我以为中国工人还没有好到十分，若工作时间每日加增到二十四小时，工资减到每年一个铜子，更足表示中国工人勤俭安分的美德是世界古今第一，质之先生，以为如何？

独秀

一九二〇，五，一

答章积和（工人教育与工作时间）

（一）原　书

独秀先生：

（前略）工人补习教育，现在有些人都很提倡，这的确也是新文化运动一桩很重要的事情！我们学校里附设的四个工场[①]，共有工人二十多个。他们都不会算账，也不会写信。吐痰哩，东西乱唾，很是随便，他们并不晓得什么叫卫生。但是他们的手艺，确是很有经验。可惜他[②]不能把那些经验弄个系统，说给人家听。

我们因为佩服他们的技能，不由的[③]不替他们可怜不识书算的苦。所以在去年本校学生分会里，就有人提议今年要办所工人义务补习夜学校。议决之后，我被推做筹办主任。那末我一方面就定出招生简章，到外面去贴，好叫附近工人来学。章程上定的课程，就是拿书信、珠算、笔算做主要科目的。一方面又请了本校工场里的职工长，和他谈话，要他去和那些职工接洽，报名入学。并且告诉他；所有的同事也可以由他担保来学的，待遇都是一样的不收费用，供给纸张、笔墨、书籍……他们当时答应寒假后再行回覆。那末我就想要这个办法，双方进行，必定有许多工人要来学

① 原文如此。依文义，今作“工厂”。本篇下文同。
② 原文如此。依文义，当作“他们”。
③ 旧同“得”。

的。那[①]晓得到了开学的时候，来学的人竟就很少！于是乎这一桩重要的事情，竟就搁起了。

但是我总“莫名其妙”。我想既不收他们的费，又送给他们的[②]书教他们，他们真落得便宜，他们却为什么不来学呢？我便越想越疑，越觉得奇怪！后来我总要想晓得他们的所以然，就一个一个的[③]问遍本校工场里的工人，问他们何以不报名入学。他们就说：我们一天到夜，要做八九点钟工作，很是吃苦！一到夜里，马上就要去睡觉了。不然，那末第二天早上就不能够起来做工了；要晓得我们不做工，就没得饭吃，所以我们还是不去读书的好；实在读书是一件很重要的事，我们那里是不肯去读呢？无奈是有这个心，没这个力罢了。……

他们一辈子的话，差不多是这个样子说法。我到这个时候，才晓得他们不能去受补习教育的苦心，就替他们越想越可怜起来了！

但是我想我们学校附属工场工作的时间，离八小时的谱子还不远，他们已经要叫疲倦了。那末要叫每日做十小时以上的工人去受教育，岂不是更难了吗？所以我想现在中国的工人，是不可不受补习教育的。要叫工人去受补习教育，先不能不减少他们的工作时间。要商店学徒受补习教育，也是如此，不过只要他们停止夜市好了。这些话，要请你详细替我纠正。

章积和

一九二〇，四，二〇

---

① 旧同“哪”。本篇下文同。

② 原文如此。疑“的”字错排，应删。

③ 当时用法，今作“地”。

（二）答　书

积和先生：

工作时间不减少，工人教育自然是没办法；但是只减少时间，若不增加工资，仍然是没有办法。因为上海工价虽比乡间高，而物价也高；工人所得工资只可勉强敷衍衣、食、住三件事，教育费无从谈起；别人尽义务不是常事，而且不能普及。

独秀

答费哲民（妇女、青年、劳动三个问题）

（一）原　书

独秀先生：

近一年来新文化的运动，都说是受《新青年》杂志的觉悟[①]，于是新思潮的勃发，就跟着这个云头改造环境，思想界的变迁可谓革新中国的好现象了。现在北京、上海及各处地方出版的新杂志很多，高谈主义的，研究问题的，也有讲哲学、文学的……思想都是很新，大抵都含有“德谟克拉西”（Democracy）的意味；还有些抱积极运动者，把“布尔塞维克主义”（Bolshevism）去直接运动，也是不少——虽然文化运动红灼灼、热烘烘，是极可喜的事，但照我想来，这个交运未必可喜，只可吊呵！是什么缘故呢？因为现在这种新思潮杂志，不单是出风头，并且还犯一个大毛病，就是“叠床架屋”“炒冷饭”的，令人看了都要摇头了。

现在最足动人听闻的声浪，便是“解放”和“改造”这些名词。试问这些名词、这些声浪，时时在我们耳朵里经过，要说到底实践了多少，这个怀疑我实在解决不下。——新中国，新社会，固然很好，不过那背后的“军阀”“政客”“官僚”，和那肮脏的空气，究竟用什么方法能够铲除这种障碍的东西呢？我说现在的国家只有悲观，那[②]里有乐观？现在的社

① 原文如此。

② 旧同“哪”。本篇下文同。

会只有黑暗，那里有光明？现在的小民只有痛苦难堪，那里有享共和的幸福？我思量了一回，什么解放，什么改造，都觉得麻烦够了。我对于现社会的感触，写在下面：

（一）妇女问题。妇女这个问题，讨论的人也很多了，有一部分为争“妇女的人格”起见，他[①]们自己起来解放自己，很是不少，现在听得广东方面，已经有女权运动的发生了。像这种妇女，是已经醒觉转来的新妇女了。这种运动，成败利钝，都不去论他，但是他们在这个专制的家庭里，觉得很不耐烦，恨不得立刻推翻，解放他们的几千年的束缚，做个自由的新妇女。他们现在最要的一件事，就是要社交立刻公开，实行他们男女的自由恋爱的主义。我想，社交公开，极容易一桩事，要在这过渡时代的当中，难保不发生道德上的意外问题吗？

（二）青年问题。现在中学以上的学生，和思想活动的青年，因为受了新思潮的激问，都要和旧社会奋斗，恨不得立时跳出旧家庭，度他们的简易生活（新生活），恨不得立刻建设个新社会，过他们的世外桃源。我想，这种青年，这种学生，在这个“新陈代谢”的时期里头，或是神经过敏者，望自杀路上去走，这又从那里起挽救他们呢？

（三）劳动问题。劳工解放，农人解放，商人解放，研究这些问题的人，也是不少了；但是我国的工人，到底从那里着手去做解放的运动？我国的农人、商人（店员、学徒包括在内），应该给他们解放不要？解放之后的利益，究竟能够享受不能够享受呢？即使能够享受，到底有几种呢？

① “五四”以前“他”兼指男性、女性以及一切事物。［见《现代汉语词典（第7版）》］本篇下文同。

上面三个问题，我实在不能圆满解决，现在就请你在《新青年》杂志里给我一个答案，下一个批判，我正感激你呀！

费哲民

（二）答　书

哲民先生：

我以为解决先生所说的三个问题（其实不止这三个问题），非用阶级战争的手段来改革社会制度不可。因为照现在的经济制度，妇人底[①]地位，一面脱离了家庭的奴隶，一面便得去做定东家的奴隶；即于自由恋爱一层，在财产制度压迫和诱惑之下，那里会有纯粹的自由！在国内外两重资本主义压迫之下，青年向何处去寻新生活和世外桃源？即于劳动问题，更可以说除阶级战争外都是枝枝节节的问题。

先生说：“劳工解放，农人解放，研究这些问题的人，也是不少了。”何以我绝对未曾听见看见？这句话先生说得太轻率了。

独秀

一九二〇，九，一

① 旧同“的”。

答高话（哲学思想与化学工业）

（一）原　书

独秀先生：

（前略）我现在译了一编 Lester Ward 氏的《女性中心说》，从日本文译的，改编了一些，分作两编，上编是从一般生物学说，下编说人类，可以登出么[①]？也想从中国转寄，到先生手里恐怕是下月。我看一般大学者做这思想发源的人（创新学说的人），他们都是很有学识，而且另外还有他们各自的专门。从科学发达了以后，从科学建造的哲学（自然哲学）更加是得力。我想我们只来说他[②]思想，不问这些思想的根源，不是一个完美的方法。学说自身是很有根基，在我们会变成一个空空洞洞的东西，只剩一个空空洞洞的东西在心里。

先生说的：现在新青年底[③]大害不是这般顽固老辈，乃是有点新思想而不透彻的少壮学者呵！这话很对。空空洞洞的东西从那[④]里去透彻！他们那些老辈，不过是些空空洞洞的思想，我们如果也是空空洞洞，那这个冲突，是没有内容可言的。

---

① 旧同“吗”。本篇下文同。

② “五四”以前“他”兼指男性、女性以及一切事物。［见《现代汉语词典（第7版）》］本篇下文同。

③ 旧同“的”。

④ 旧同“哪”。

而且我觉得现在中国人，对于真理没有信仰力。这个都是这些硕学鸿儒害成功的，从那种不合理的推理、不正当的结论造成的。我们自己从自己经验，见到许多言之成理的大文章的推理来的大结论、大定律，他们都可以违背，有时且必须违背，造成了一种观念，以为推论是不相干的摆架子，结论是自己想想随便定的。在我观察的狭小范围，觉得这种人很多，先生以为是么？这都是不晓得事物，都有 logical system，这 logical system 是我们的真理。

明慧女士的要求选举权一篇话，因是弱者之声，我们要听。我觉得他的见解还没有到。我是主张绝对解放女子的人，人家问我的缘故，我决不说：为女子争利益、为平等这样简单。为什么要平等？说不到时，也不过是空空洞洞的话。我的理由是因为全人类的利益是进化当然的行径。人家反对解放女子的，我去掊击他，也不是说打抱不平、保护女子这样简单。我是为真理，为全人类的利益的缘故。这个意思，就是我想译《女性中心说》的缘故，先生于我这些话有高明见解教我么？

西南大学的事，我在日本报上时时得一点消息，我希望他大完成。但日本报上并没有详细，内中是些什么科（想不是单科），还请你有便时告我一点。化学工业实在是一项要紧的东西（并非张扬自己所学，先生也说的），做起来却不容易。始基的一个小小化学实验所，就是没有几千元是不能着手的。先生主张西南大学要设这所，我真是佩服先生的见解了。我想我们做事要从根本做起。他们从前办学校的都只是虚样子。我记得（现在我不甚知）好些学校名字叫做什么工业学校、农学校等，都是一块黑板，几枝粉笔，这种学校真是害人！

我听说德国学生学工的五倍于学法的，我想我们人脱不了物质，我们中国人，一面要把精神革新，一面非立新生计不可。工字是我们人类立足的基础，是改良中国人生计的根本。先生说是么？我又进一层想，在大学的教习，不只要教学生，教社会、教人类是他重要的责任。如果我们见解到这里，我希望西南大学的化学科的实验所办得更高、更完备，高过那学生专用的程度。我们中国的天产没有人研究，用这实验所收集材料、收集人才做下去，我想十年之间一定有大成绩的。这种事，我很愿意做的。我觉自己没有什么学力，恐怕帮不得什么忙。我是今年暑假可以卒业，卒业之后如能够有时间，把这里大学的设备详细一查，大约也有几分可供先生参考。就恐怕没有这余闲时间就是了。

实验所的地方何处更好，我于中国情形不熟，不能说出。但这地方有三条件：

（一）用水充足，而且洁净（井水不宜）。

（二）煤气之供给。

（三）电力之供给（自备更好）。

如果实验所不在设备较完（备）[①] 的市镇，第一，没有纯洁水，我们自己要设净制装置，水池、水塔（有时因地形可以不要），费用就大。第二，煤气是不能小规模做的，最简单只好用 air gas 来代，也要装置费用。第三，我们是规模最小的时候，用市上电流，最好是自备。化学上多用直流，市上电流许多是交流（除了电炉中利用电热者可用交流，且以变流为便，从交流换直流不要装置）。从经济上、便利上，都是自备为佳。自备直流机，夜间发电，一面点灯，一面立一间蓄电池室，日间又可以用，非常之便。以上三者想早在先生及王先生鉴中，我现在要考，考后再谈罢[②]。

弟高铦上

① 原文无“备”字。今依文义补。

② 旧同“吧”。

（二）答　书

高铦先生：

吴稚晖先生说："新文化若不竭力发挥自然科学和物质文明，简直是复古的倾向，不是革新的倾向。"汪精卫先生说："我们天天发理论的空言，闲却了实用的科学，岂不是变相的清谈！"吴、汪两先生的话，实在是我们最近思想界的顶门针。我知道吴、汪两先生并不是说自然科学万能，物质文明万能，更不是说思想革新无用；是说离开物质的文明，离开自然科学的思想，容易发生复古的清谈的流弊。即以思想而论，的确是人间超物质以上的财宝；但离开科学的基础和方法——Logical system——便是诗人的想像或妄人的胡思乱想，和思想大两样。这种胡思乱想只是空空洞洞，为害还小，只怕是东扯西拉弄得材料很丰富，一动笔便诸子百家、三教九流、倍根、狄卡儿、马格斯[①]、苦鲁巴特金等，牛头不对马嘴的[②]横拉一阵，那怕著书等身，终久是个没条贯的糊涂虫！我晓得有许多青年犯了这种毛病。医这毛病的良药，就是自然科学和 Logical system。说到实用的科学，化学工业更是十分重要。我们当初对于西南大学怀着三个希望，（一）开办费六十万元、常年八万元的理化试验所。（二）开办费三十万元、常年费三万元的图书馆。（三）常年费十万元的编译处。图书馆和理化试验所自然都是公开的，供给社会的要求，不为一校学生所独有。此外实行男女同校，附设工厂实行学生半工半读，也是我们重要的希望。可是

---

① 今译"马克思"。

② 当时用法，今作"地"。

为了无名义的私利的政争，把经费破坏了，我们这些希望都等于一场好梦，几时想起，几时便令人心痛。各处来信问西南大学的很多，我因为除免痛苦，一概不复，实在对大家不起，附白于此，请诸公原谅。

独秀

一九二〇，九，一

再答知耻（劳动问题）

（一）原书之一

独秀先生：

前上一书，谅邀鉴及。所述劳动状况，异常草率，而关于该问题之吾见，亦未详述，今日稍暇，爰再抒己臆以求正于先生。

仆意知识重于钱财，欲解决劳动问题，必须增进工人知识。若对于无知识之工人，实行增给工资、减少工时，而不谋增进工人知识，则于社会于工人均无益而有害。然仆此言决非谓不应增加工资、减少工时，惟仆以为当与增进工人知识并行；且既欲增进工人知识，尤不得不减少工作时间，良以工人之精力有限，若不减工作时间，而更益以补习教育之时间，虽有好学者，亦恐其有害于身体上之健康。故仆以为与其提倡“罢工”“怠工”，不如提倡工人补习教育。仆闻英国自欧战后，规定凡在工厂或商店作工年在十八岁以下者，一律应受强迫补习教育，其意甚善，大可采取而扩充之。

吾国一般社会知识幼稚为世界最，补习教育之需要，仆实以之为今日吾国第一要事，不仅工人须受补习教育。兹姑就工人补习教育言之，该问题在此时提出，极为合宜。刻下工商业中高级机关之人颇感受工人无教育之苦。譬如美国织工，每人可管布机十二部以上，而吾国织工每人仅管布机二部，若有人愿加工资减工时，而改每人管机二部为四部，则工人必群起反对，不可理喻。此外以工人之无知识，而损坏机件，减少出品，种种无形损失，莫可言宣。果能乘此时机，提倡工人补习教育，增进工人知识及生产能力，则减工时增工资为当然之结果。不惟工人得相当之优遇，工业出品且以之而进步，社会亦蒙其利，较之以“罢工”“怠工”等消极方法鼓动工人者，其利害得失为何如，愿先生有以教之。

知耻上

一九二〇年四月廿五晚

（二）原书之二

独秀先生：

今日读先生复书，谨悉。社会上有钱不做工的人很多，应该强迫他们做工，强迫他们做工的惟一善法，就是废止遗产（遗产废止这一事他日再谈），不能作为工人亦可游惰的理由。仆以工人补习教育为重，正为工人设法，非此不能真正造福于工人及社会。仆深信教育平等为人类平等之惟一基础，欲求人类平等之实现，而不以教育为基础，虽以多财与工人，亦难有良善之结果。彼纨袴子弟未尝无钱，而其所受遗产之毒，致不能保留其人类之向上心，较之无钱之人更苦。仆见某君某君即昔日之工人而今日之资本主，其子弟已变为游惰者。无教育而有钱，为害之大，莫可比拟。故仆意工人应当要求有“受教育的权利”，热心劳工问题者应当鼓吹“工人有要求受教育的权利”。工人教育问题一解决，则工作时间问题、工资问题，其他一切待遇问题，皆当由工人自身为相当的解决，即进而求工厂管理权，生产由劳工支配，仆亦甚为赞成。由少数幸福而变为多数幸福，固仆积年所梦想者。惟仆之主要意见，必以教育为入手办法，知识平等而后人类平等，增进工人知识，即为达到“生产由劳工支配”必由之途径。照现在大多数工人的程度，想使他们进步，非教育不可。倘然不注重教育，他们连字都不认识，并要求改善待遇都不知道，请问先生用什么法子可以唤醒他们的大梦？即使他们战胜现在的资本家，而拥有现在资本家的财产，不过换一个位置罢了，结果他们的游惰，不善用他们的金钱，还是一样。他们的子孙受遗产之害，还是一样。差不多同推翻了前清政府，换了现在这种民国政府一样，这都不是彻底的办法。

仆的意见，彻底的办法，只有一种：就是平民主义的教育。无论何人，应该有受教育的权利；无论何人，应该有受教育的义务（工人当然包括在内）。现在中国什么事都做不好，什么好听的名词部不中用，就因为大多数人民没有知识的缘故。虽自身利害关系最密切的事，因为没有辨别利害的知识，心里要想好好儿做，结果还是一团糟。先生不要看轻了工人教育问题，先生答复的话，太偏于感情作用，不顾仆夙有的人格。难道先生不知道仆的为人么[①]？

现在要免除先生的误解，再明白说一句：仆对于减时加资并无阻止之意，且努力助其成功。全社会的界说，决不是资本家独占，也决不是工人除外。欧、美的工业界，不能与日本相提并论，日本与中国，亦不能并论。所以不能并论的缘故，乃以教育为标准。德国不受教育的人，二千五百人中只有一人。英、法、美各国受教育的人，平均亦在百分之九十三以上。据战后教育调查，英、美各国尚努力注重工人补习教育。他[②]们的出品，倘然以时间比例起来，一定比中国工人的出品多而且优美，这是工人教育的成绩。日本所以出品减少而且恶劣，因为日本工人教育不及欧、美。中国更不及日本。现在中国的社会如此腐败，一般人都没有良好的娱乐，倘然不注重工人补习教育及相当娱乐设备，而惟减时加资，其结果必与愚夫愚妇之爱子女无异，适足增加工人之游惰，非徒无益而且害之。

工厂利益，并无把握，前几年工厂亏本的很多，那时游惰的工人必处于淘汰的地位了。先生所云每日工作二十四小时，每年工资一个铜子，真

① 旧同“吗”。

② “五四”以前“他”兼指男性、女性以及一切事物。[见《现代汉语词典》（第7版）]

是笑话。仆不料先生如此误会。总之，仆意在以建设的方法、积极的手段——即平民主义的教育——造成一多数幸福的社会；不欲盲从他人鼓吹消极的破坏。现在青年激于一种虚骄之气，无坚苦拔俗之志，而惟以炎炎大言为能，不耐劳苦，不事工作，而梦想黄金世界之实现。仆愿先生有以启迪之而教诲之。幸甚祷甚。

知耻上言

一九二〇年五月三日

再仆此函为讨论“工人教育问题为劳工问题之先决问题”而发，仆对于工时工资问题，将来另有意见发表，特此附白。

（三）答　书

知耻先生：

仆未尝不深知道先生是一位很可敬爱的青年，是一位人格很高尚的人，惟其如此，看见先生和万恶的资本家接近久了，竟然和他同化，说出许多似是而非的话来，所以我格外痛恨资本家的魔力，不但掠夺了无数工人底[①]财产，而且弄坏了许多青年底思想！工人财产被掠夺的问题，和工人要求教育平等的问题，理论上本不相联属，先生硬要拿后者做前者的条件，正合一班妄人主张不识字的女子不能放足一样。我并不是看轻了工人教育，而且很希望有强迫工人教育制度出现，但不愿意拿这个做讨论别的问题的条件，失了别的问题的独立精神。

先生主张“工人教育问题为劳工问题之先决问题”，我且问你：在现在贪狠的资本家生产制度之下，工银如此之少，时间如此之多，先生有何

① 旧同“的”。本篇下文同。

神通可以使一般工人得着平等的教育？如此看来，又应该拿什么做工人教育问题的先决问题呢？还请赐教。若只拿教育这句空话来搪塞，好做加工资减时间底障碍，这句话只应该出在资本家走狗的口里，不是有人格、有良心的人应当说的。

独秀

一九二〇，九，一

答人社（男女同校问题）

（一）原　书

独秀先生：

广东现在没有一个女子高等专门学校，中等学校的女毕业生，除了少数可升岭南大学外，简直没有求高深学问的地方。那么，广东高等师范应该男女同学，不是性灵闭塞的人，都没有不承认的。怎想今年广东教育大会通过高师开放案后，即有省会“碍于风化”的沮议，省长“无开放之必要”的批驳；男女享受同等教育的机会从此就成泡影。我们细想专门以上学校应该男女同学的理由何等充分，数百女生底[1]开放高师的要求何等恳挚，现在竟遭失败，真是可叹！

我们见得这样情形，觉得“高师开放”底运动是刻不容缓的，所以立意去干这宗事情。运动的步骤：第一，想十月十号以前，刊行一本《高师男女同学问题号》，关于男女同学底利害作具体的研究，想将一般腐物的迷梦唤醒。但我们能力薄弱，恐没有多大的影响，先生平素对社会底运动有很大的同情，故求先生帮助我们，替我们撰一篇文章，最好九月廿五号以前寄到。

① 旧同“的”。本篇下文同。

独秀先生呀！这一宗事情关于社会进化很大，很望先生对于我们这种要求给一个满意的答复。

敬祝先生康健。

人社

（二）答　书

人社诸君：

接到诸位底来信，一直懒到今天还没有答覆，文章更不谈了；只好静候着读诸位底大作，供我懒人底眼福罢。

关于男女同校这个问题，本来没有什么深的理论值得当个问题去讨论。像这种浅近的事大家还要大惊小怪的①起来反对，可见我们中国人底程度还同五六十年前反对铁路时代差不多！我从前和汪精卫先生谈及此事，精卫先生说，中国人把男女防闲看得这样重，只有索性实行乱交可以破破这固执的空气。精卫先生这话虽未免激烈一点，但对于中国人的迂谬思想和习俗，每每令人发这种感想。

前月十五日上海《时事新报》上有一段新闻，真令人看了又好气又好笑，录在后面请诸位想想那姓蔡的是谁？

独秀复

一九二〇，十，一

① 当时用法，今作“地”。

曹、张宴客时之趣语

——忽谈“姓蔡的”问题

曹、张两使濒行之日，特于中央公园宴请各部总次长及军警长官。席间，张使卒然问曰：“诸公可曾听说北京有个姓蔡的，闹得很凶么[1]?”曹使亦卒然应曰：“是不是那个男女同校的姓蔡的?”张使曰：“可不是。”曹使即顾王怀庆曰：“老弟何不看管他起来?”王未答，幸有某阁员以他语岔开。当时曹、张两使一唱一和，大抵卒然而至，且所言多在可解不可解之间，席间竟有相顾失色者云。

① 旧同“吗”。

答赵仁铸（大学教授问题）

（一）原　书

独秀先生：

阅报悉国中有西南大学之建议，而先生等被任为筹备员，深以为吾国教育界前途贺。大学之组织分科之办法，虽时时于报端见其鳞爪，以未窥全豹，不敢有所妄陈；然愚见所及有一事不敢默然者，则教授之选择是也。考教授二字于英、德文为 Professor，法文为 Professeur，乃最高尚、最荣誉之职也。其在德国及瑞士更为重视，任其职者均为各界之泰斗、著作等身之士，以数十年之经验导青年后学之士，识途老马，是以无颠蹶之虞。铸昔在巴黎参观大学开学式，见教授席中均颁白老者，须发皓然之士。归而考其历史，始知皆各界之杰才、国中之硕士也。英、美教授资格不及德、瑞之严，然任其职者亦莫不得博士后积十年以上之研究，经五六次之发明，否则断不敢望此席也。反视吾国，任教授之职者均属青年后学，往往在国外大学初得学士硕士，回国即肩此重任，其得有博士学位者更志高气扬①，莫不有大学教席舍我其谁之志。在吾国人才缺乏，固不足深责，然长此不已，岂我国高等教育前途之福哉！今乘我西南大学正在草创之时，聊供一得之愚，如蒙采择，不胜幸甚。

铸以为吾国在此过渡时代，大学教授当用外人，前在国时即力主之，今出国后更仍不变我初衷，幸先生等勿笑其洋迷也。铸所谓之外国人，非

① 今作“趾高气扬”。

能明几句外国话如我国以前各校所请之外国人也，亦非但得有硕士博士头衔之外国人也，必其人得博士后更积有十年以上研究，杂志丛报时时见其发明之披露，此等人在其本国人材如林尚无分于教授席中，设吾国降格以求聘任此等人为教授，以视世界著名各大学之教授固未免稍有逊色，然以视吾今日之本国教授，其相去自有公论矣。

回忆初来此间，有德国同学名米思麦者，在此得博士后，又复研究一年，一旦来别，云将归国。铸询以将有何任，彼云将往柏林应中等教育员试。铸深以为奇，彼即转询吾国亦有此等考试否。铸答以中国人得博士后已为万能，任大学教授尚绰有余，更何惜为此中等教员乎！彼答曰，然则君毕业即有 Prof. Dr. 之希望矣。铸闻之不禁赧然，即答曰，余回国后当再不蹈他人之覆辙，但愿在化学工厂中任一小职，惜现在中国工厂尚不发达，如无机会，将来亦拟在中等学校中任一教职，能免此考试，已属幸事，若 Prof. Dr.，余所不敢为亦不愿为也。彼云若贵国学生能人人若君，则十年二十年后，中国之大学何难与德国相等。此一席谈，铸深印于脑不敢忘也。

又忆及昔在美国每晤吾国同学，辄滋滋问北大教授薪水若干，如何入门。铸答以君等毕业后，何不为耶尔、哈佛之 Prof.，而愿为北京大学教授乎？彼乃屈指申数曰，某某吾昔在某大学之同学也，某某与吾同得硕士也，彼等先回国，已在北大掌教矣，吾留此较久，岂反不胜任乎？铸答以君为中国人，亦爱中国乎？答曰，何在而不爱？铸曰，君既爱中国，当希望中国第一之大学将来与世界著名之大学并驾而齐驱，若人人如君，不将沦吾国大学于德国中等学校以下乎？彼乃恍然大悟，不复冀此大学教授矣。

先生等闻此琐屑之谈，吾知其必厌然乏味矣。今请简述之曰：（一）中国之教授在此过渡时代，非本国人所能任也。（二）请真有学问之外国人为教授，不足耻也。二十年前之英吉利，欧战前之美利坚，其著名大学之教授均为德人，是以英、美学生闻 German Professor 二字，莫不敬而重之。铸自离北大后，曾在美国芝加哥大学博士院内研究有机化学，所从之教师，非美国人乃瑞士人也；楚材晋用，美国尚如此，在吾国亦何伤？欧战停后，蒙其介绍来此间，从世界著名之化学家 Werner，不幸来此不久，彼即逝世，乃改从继其任之 Karrer 研究有机化学中之 Glycosides，此为近十五年德国化学家所最从事于研究者。前柏林大学教授 E. Fischer 为此界之泰斗，今此间之 Karrer 则其后起者。英、美各大学对于此类化学尚少研究，铸不自量力，肩此重任，在此研究已逾一载，虽不敢谓有所发明，然积一年三百日一日八小时之成绩，亦不敢谓毫无心得，预计明年二三月间可得一小结束，应试后或往德国明兴（Muchen），或往法国曩西（Nancy）。二处之教授，非但为德、法二国化学界之泰斗，抑亦世界学者所景从也。（后略）

赵仁铸寄自瑞士

（二）答　书

仁铸先生：

增高一国学术程度，自然非增高大学程度不可；增高大学程度，自然非增高大学教授程度不可；此时中国要增高大学教授程度，非多多聘请外国学者不可：这是一定的道理。章行严先生前在北京大学时，即力说北京大学教授底[①]程度已和学生底需要不相应，非改聘外国学者不可。王抚五先生也主张西南大学教授只用外国专门学者，他自己情愿辞去北京大学的教授来当助教。章、王二先生底见解都和尊论一致。我也极端赞成这个主张，但附有两个条件：（一）图书馆及科学实验室有相当的设备，（二）学生外国语有充分的听讲力，否则就是延聘外国学者来也无甚益处。

独秀复

一九二〇，十，一

① 旧同“的”。本篇下文同。

三答知耻（工人教育问题）

（一）原　书

独秀先生：

读八卷一号《新青年》，知道先生对于我的意见还有误解之处，现在再略加说明如下：

劳工问题之解决，不是一朝一夕所能成功，所以我虽没有“神通”使他们立刻受平等的教育，但是我的意见仍希望一般热心劳工问题的人，以全副精神注重工人教育这一点。因为我身居工厂，实在觉得一般工人知识的饥荒，比无论什么痛苦都要深一些。他们肚饥知道要食，身上寒冷知道添衣，惟有没有知识的痛苦他们完全不觉得，所以若不想法增加他们一些知识，即使先生们天天为劳工问题做文章，还是不中用，于他们身上还是不能发生效力。如此情形，试问先生有何方法可以解决劳工问题？

先生最致疑[①]于我的，以为是“拿教育这句话来搪塞好做加工资减时间的障碍”，我不能不说这是先生的武断。我三次通信具在，明明主张减少工作时间、增加工资与先生无异，但不以此二事——减时增资——为满足，力主实施工人补习教育及储蓄与减时增资同时实行，所以免工人耗费时间、金钱及习于游惰之弊，而谋增进改善工人之地位。即使他们的知识能力、经济能力逐渐增进，成为工厂股东之一分子；股东即是劳工，劳工

① 原文如此。

即是股东，这就是我的希望，不知先生何以看不明白。至于如何入手，我们都是“人”，没有“神通”，只好就所能去做就是了。

知耻白

一九二〇年九月八日

（二）答　书

知耻先生：

先生也主张要加工资减时间，那便好极了；先生又主张不以减时增资为满足，更力主实施教育，那便更好极了。但先生是主张拿教育做减时增资底[1]条件，我以为减时增资是工人应得权利，若加上条件，便是搪塞底话。我主张拿减时增资做教育底条件，先生以为怎么样？每日做工十二点钟，上海现在的生活必需品这样昂贵，每月只有十元八元底工资，试问先生若处到这种境遇，那[2]里会有时间、力量去受教育，那里会感觉没有知识底痛苦？人类生活的欲望是由物质的进到精神的，断没有丢开物质的便进到精神的。饥寒救死不暇的人还说什么知识不知识！

先生自己说是主张减时增资的，说我“还有误解之处”；先生说我“武断”，先生说“三次通信具在”。现在把屡次通信里关于主要争点底话录在后面，请先生及读者诸君大家看看是不是我误解、武断。

先生第一次信上说：

> 总之工人缺乏知识，非注重工人教育，则减少工作时间，增加工资，适足以资其为恶。

① 旧同“的”。本篇下文同。

② 旧同“哪”。本篇下文同。

先生第二次信上说：

若对于无知识之工人实行增给工资、减少时间，而不谋增进工人知识，则于社会于工人均无益而有害。

先生第三次信上说：

仆深信教育平等为人类平等之惟一基础，欲求人类平等之实现，而不以教育为基础，虽以多财与工人，亦难有善良之结果。

先生这次信上说：

所以我虽没有神通使他们立刻受平等的教育……

把四次信上的话综合起来，先生是竖[①]了一块教育平等底大招牌，随即自认没有神通使他[②]实现，这便是只有招牌而无货卖了；但是先生一方面又力说没有教育是不能减时增资的，那么，先生所主张的减时增资，在逻辑上是不是已经自己取消了呢？换句话说，就是：先生明明晓得教育是不容易实现的，然而偏要拿他来做减时增资底条件，这不是拿句空话来搪塞好做减时增资的障碍是什么？

独秀

一九二〇，十，一

① 依文义，今作“树”。

② “五四”以前“他”兼指男性、女性以及一切事物。［见《现代汉语词典（第7版）》］本篇下文同。

答郑贤宗（国家、政治、法律）

（一）原　书

独秀先生：

读《新青年》八卷一号上《谈政治》一篇后，很有些意见。现在拉杂写在下面，以质之先生可乎？

先生以为无政府党反对国家、政治、法律等，所反对及者，只是过去的与现在的掠夺的国家、官僚的政治、保护资本家私有财产的法律，并不能反对及将来的不是上面所说的国家、政治、法律；因为他[①]们并没有指出可以使国家、政治、法律根本摇动的理由。据我所见可就不然。无政府党反对国家有两个最大的理由：

（一）国家是进化道上所经过的一种形式，是人类共同生活历史中某时期的一个制度，并不是天经地义、不可磨灭的东西。先生常说世间没有万古不易的东西，难道国家是万古不易的么[②]？无政府党以为国家的作用、国家的出风头期已经过了；要是再不废掉他，就要变进化道上的障碍物，所以大声疾呼的[③]打破他。从原始时代的无国家

① “五四”以前“他”兼称男性、女性以及一切事物。[见《现代汉语词典》（第7版）] 本篇下文同。

② 旧同“吗”。本篇下文同。

③ 当时用法，今作“地”。

到有国家是进化，从有国家到无国家独非进化吗？这是一层。

（二）无政府党主张大地众生应当互相亲爱，视地球上一切人类都是兄弟，不当有什么仇视、嫉妒以及相侵相夺、相杀相害等事。自有了那国家之后，于是把地球上同样的人类，划了不知多少堆数：什么“支那人”①“日本人”“美国人”……于是而“博爱”这个名词的意义，至多不能超越国界了。国家以外的人就视同仇敌，大家坚甲利兵，互相防御；从此战争呀，并吞呀，杀人如山，血流成河；号为万物之灵的人，其凶暴乃远出一切动物之上。这是谁为厉阶呢？而且人生的目的不外求快乐，像这样惨无人道的世界，有什么快乐之可言？这是第二层。

无政府党的反对国家，既是根据于上面两层理由，所以反对及者，倒不是先生所说的过去与现在，乃是现在与未来。因为过去的国家，无政府党承认他是应当有的——他是进化轨道上所应当经历的一种形式——而且已经过去了，何用反对？未来的国家，不管他是什么形式，只要他可以受上面所说的两个理由的攻击，一切都在反对之列。

至于政治与法律，都是随国家而来的，于人类生活上只是有害无利；无政府党反对了国家，当然一并反对之：这是无容疑义的。说官僚政治、拥护资本家私有财产的法律不好，难道压制人民的政治、束缚人民的法律就会好了么？

先生又说强权如水火一样，有善用与恶用之两方面，所以只要善用之就是了。无政府党主张人类绝对自由，根本上反对强权；但这是无政府社会实现后的事，非所以语于今日。因此近代的有名无政府党，除开了托尔斯泰先生之外，没有不主张暗杀、暴动、掷炸弹、放手枪的。先生说他们

① 原文如此。今已不再使用该词。

“闭起眼睛反对一切强权”，未免有些武断罢[①]！

关于达到改造社会的方法，先生主张与无政府党略近——同样主张用强力来破坏旧社会，但是破坏后，先生主张用无产阶级的独裁政治（Dictatorship of proletariat）以代之。这我可不敢苟同。先生所以主张无产者独裁的缘故，有两个理由：（一）恐怕资本家死灰复燃，有复辟的运动；（二）将来渐渐地又要生出资本家来。这两个理由据我看来都不十分充足。何以故呢？社会革命成功了以后，当然要把资产阶级所私有的财产归之于公，那么，资产阶级也变作无资产阶级了，还怎样谋复辟呢？资产阶级的势力都是金钱给予他们的，一旦金钱没有了，他们那[②]里再有势力来复辟？康有为何以自己不能独自把溥仪牵出来做皇帝，一定要靠张勋的丘八太爷来帮助？要是张勋没有许多丘八太爷在手里，他怎样敢谋复辟？可见复辟不复辟完全是自己造出来的，复辟在本身一点没有力量。我们把资产阶级的财产一齐归了公，断不怕他们再有什么阴谋做出来。就是不然，因为有特别情形不能不照先生所说的办法行，但我承认他是过渡时代的一种临时办法，要“久假不归”的维持下去，成为一种新政治，我是死反对的。至于先生所说的第二个理由，我也很是怀疑。先生所举克鲁巴特金《国家论》中的“自治都市”一段来证明，我不敢妄下批评，因为克先生的《国家论》我没有读过（从前《星期评论》曾译登过，但我没有读；现在又寻不到那《星期评论》，只好不说这件事了）。但据我的意思，这一层似乎是先生的杞忧，与无政府党的主张无干，因为无政府党是主张共产主义，主张废止金钱，不但生产机关公有，就是消费机关也属之公有的，那么，资本再何由而来呢？

末后先生又说：“人类本性的确有很恶的部分”，我不知先生何以敢下此断语？孟子说：“恻隐之心，人皆有之；羞恶之心，人皆有之；是非之

① 旧同“吧”。

② 旧同“哪”。本篇下文同。

心，人皆有之……”据我的观察，他老先生这几句话确是不错的。“从前受惯了经济的刺激才去劳动的工人，现在能除了刺激，又加上从前疲劳底[①]反动，一定会懒惰下来；如此一时，社会的工作效率必然锐减。”先生既承认了他是一时的现象，那么施之以强迫劳动——暂时的——自然可以；若因此一时的现象，而遽立永久的法律，我死不赞成。人类有劳动的天性，先生也承认的；那么，决不会因一时的反动而失去他的天性，法律何为哉！

先生又说：“至于人类基本生活的劳动，至少像那不洁的劳动、很苦的劳动，既然没有经济的刺激，又没有法律的强迫，说是人们自然会情愿去做，真是自欺欺人的话……”所以先生主张非规定法律以强迫不可。我以为劳动无论其是否为人类基本生活的，没有不可使之艺术化的理；而劳动时间能减少至最短程度，也就不会觉得十分苦；至于不洁的劳动，自然不是大家所欢喜，但终能设法用机械代之的。就是不能代，我以为可以减少其劳动时间。譬如普通人每日劳动三小时，那末这不洁的劳动减少至两小时，就不愁没人干了。反之，如先生所说规定法律来强迫，我倒要请教这法律如何规定？一切人类同样都是圆颅方趾，那一个人应该做洁的劳动，那一个人应当做不洁的劳动？若说以受教育的高下为标准，社会上既然有教育不平等，这个社会决不是无政府主义下的社会，还须改革过！倘然这法律上规定：“陈独秀做大学教务长，郑贤宗做挑粪夫。”我便要不服：陈独秀何以要规定他做大学教务长？我何以规定我做个挑粪夫？这个问题请先生解决才是！

最后先生所说的男女问题，我以为也不是法律所可以解决的事。要防止这种罪恶，惟有从教育方面着眼，而且实行自由恋爱后，这种问题终可减少。还有一层，人类的理性与本能是互相消长的，恋爱是一种本能，他日人类的理性因为不受政治、法律、经济等的牵制，一定能够充分的发达

---

① 旧同“的”。本篇下文同。

起来，那末这男女问题自然不致扰乱社会的安宁了。

老子说得好："民不畏死，奈何以死惧之！"法律只能束缚人的自由，不能禁止罪恶的发生！

先生鉴于现在政治的罪恶，对于俄罗斯的劳农政府不禁油然生欣慕之心，这也是人情所常有的事。当他一种过渡时代的暂时办法，我也很赞成；但我所主张的终极目的，总在于无国家、无政治、无法律，这便是我不敢苟同先生的所在。倘有意见，幸请赐教！

郑贤宗

（二）答　书

贤宗先生：

我前次文章发表之后，言论界未曾有赞同或反对的表示，我很为失望，现在接到先生底辨论[①]，并且是很有价值的辨论，我非常快慰。我的意思还有一些和先生不同的地方，不得不写出来请先生指教。

在答复先生底辨论之前，我有几种信念必须明白发表出来：（一）我以为在社会底进化上，物质的自然趋向底势力很大，留心改造社会底人万万不可漠视这种客观的趋向，万万不能够妄想拿主观的理想来自由改造。因为有机体的复杂社会不是一个面粉团子，能够让我们自由改造的，近代空想的社会主义和科学的社会主义之重要的区别就在此一点。（二）世间有没有万古不易的东西（说有万古不易的东西固然不对，一定说没有万古不易的东西，在逻辑上也有毛病），终极的理想是什么，我们似乎不必作此无益的推敲；我们应该努力去做的有益事业，只有说明现在社会里已有的毛病，建设最近的将来比较善良的社会；倘若迷信很远的将来及终极的

① 今作"辩论"。

理想社会才算彻底，而对于现在及最近的将来之改造以为不彻底不去努力，这种人只算是“候补改造者”，可惜他来到这世界上太早了一点。我们若单单空想最远的将来及终极的理想，把现在及最近的将来努力放弃了，那么世界终极是或者要毁坏的，个人终极也都要死亡的，我们未到终极期间底一切努力岂不是无意识么？（三）我们改造社会是要在实际上把他的弊病一点一滴一桩一件一层一层渐渐的消灭去，不是用一个根本改造底方法，能够叫他立时消灭的；更不是单单在理论上笼统的否认他，他便会自然消灭的。譬如医治多年的疾病，纵然有药到病除底仙丹妙药，也要有这药才能够治病，断不是在理论上否认这病，这病便自然会好的。因为要治致命的病，有时必须用毒药，甚至于须用点必然发生副作用的毒药，都是不可避免的。

我这三条信念先生以为如何？

先生所举无政府党反对国家底两个最大的理由，在第一个理由，我那篇文章里面明明说：“建设劳动阶级的国家……为现代社会第一需要。后事如何，就不是我们所应该所能够包办的了。”我实未曾说过国家是万古不易的东西。无政府党既然承认“国家是进化道上所经过的一种形式，是人类共同生活历史中某时期的一个制度”，而在现社会实际的共同生活底需要上，是否真实证明国家这种形式、这个制度（不是国家主义）底时期已经过去？在第二个理由，像那些仇视、嫉妒以及相侵相夺、相杀相害等事，最甚的大部分是资产阶级拿国家主义做招牌争商场弄出来的，不全是国家本身底罪恶。像这种侵略的国家主义，即帝国主义，我也是绝对厌恶的。至于普通的国家制度，不过是言语相同的或是历史、宗教、利害相同的一种或数种民族共同生活底政治组织，这种组织有时不免现出狭隘的情感，但他是成立在自然的障碍（如言语、历史、宗教、利害等）底基础上面，根深底固①，他成立底基础不消灭，他是不容易消灭的；若单是消灭

① 今作“根深蒂固”。

了“国家”这个名义，在实质上人类但凡有组织，那因为自然的障碍而发生民族的冲突，就在无国家无政府时代仍然是不能免的。所以要想免除这种冲突，非先在事实上免除造成冲突底各项自然的障碍不可，各项障碍中以言语和利害关系最重要，空谈什么无国界，什么世界同胞，什么大同，都太笼统了，离问题远得很。

政治与法律也和国家一样，是有人拿他作恶（一部分无政府党所主张的暗杀、暴动、掷炸弹、放手枪，也有人用这些事作恶），他本身并不一定就有罪恶。在无政府党以为绝对不要国家、政治、法律是根本解决，在我以为是因噎废食。譬如，国家、法律、政治是个人身，他到了自然死底时候，那是进化历程上当然的现象，若只是疾病，便当医治，用“人死病断根”底方法来解决病底问题，未免有点笑话。在我那篇文章内，并没有说压制人民的政治、束缚人民的法律是好的，只说过要有废止资本家财产私有的法律，要有强迫劳动的法律，要有禁止对内外一切掠夺的政治、法律。先生既然相信无政府主义，请你要将资本阶级和非资本阶级底人民分别一下，不要说些笼统话为不劳动的资本阶级利用！

先生一方面以为我说他们闭起眼睛反对一切强权，未免有些武断；一方面又主张人类绝对自由，根本上反对强权：我实在有点不解。我对于国家、政治、法律，只承认他们在现今及最近的将来这一个时代里可以做扫荡不劳动的资产阶级底工具，并不是把他们当做个主义来信仰；先生一定说他们于人类生活只是有害无利，难道先生所主张的无政府社会未实现以前之暗杀、暴动、炸弹、手枪，是于人类生活只有利而无害吗？

我那篇文章内是说旧党势力恢复推论到复辟，并非专门拿无产阶级的独裁政治来防备复辟。先生说：“社会革命成功了以后，当然要把资产阶级所私有的财产归之于公，那么，资产阶级也变作无资产阶级了，还怎样谋复辟呢？”这种理论说说很容易，先生要晓得，从革命发生起，一直到私有财产实际归公，必然要经过长久的岁月；从私有财产在制度上消灭，一直到私有财产在人心上消灭，又必然要经过长久的岁月。在这长久的岁月间，无论何时都有发生阴谋，使资本制度死灰复燃甚至于恢复帝制底可能，我们不可把社会改造看得太简单、太容易了。先生既然承认过渡时代应有一种临时办法，这便和我的意见相差不远；但我要请先生注意的，乃是这过渡时代决非很短的期间！

孟子人性皆善底话，只看见性底的一面，已为常识所不能承认的了。主张人性皆恶底人也可以说："独占之心，人皆有之；残杀之心，人皆有之；嫉妒之心，人皆有之；嗔忿[①]之心，人皆有之；自利之心，人皆有之……"或者有人说这些都是习不是性，我第一要问，何以善的现象是性，恶的现象就不是性呢？第二要问，习惯是不是第二天性，佛教所谓无始以来的薰习是不是和性有同等的力量或者更强一些？让一步说，恶是习不是性，可以改正的；但长久期间造成的恶习惯、恶心理，是不是短少期间可以洗刷净尽的？在这恶习惯、恶心理未曾洗刷净尽期间，自由放任主义是否行之有利无害？性善是无政府主义一个重要的基础，要请先生用科学的方法仔细研究一下。我所谓一时也决非很短的期间，大概要以疲劳回复了并且有了新的刺激普及人心为限度。我所谓强迫劳动底法律决不是永久的，这件事用不着先生死不赞成，我敢说不但现在及将来不会有永久的法律，就是过去的历史上，也未曾有过永久的法律。

我以为关于人类基本生活劳动底规定，有二种方法：（一）由人类平均担负；（二）不洁的、苦的、危险的劳动时间可以较别的劳动时间减少。我所谓用法律强迫劳动，是不许有人不劳动，是不许大家都不肯从事不洁的、苦的、危险的劳动，因为若没有法律强迫，在这机器完全代做和劳动的艺术化未成功以前，我敢说无一人或只极少的人情愿去做，并不是说用法律来规定"那一个人应该做洁的劳动，那一个人应该做不洁的劳动"。我不知道先生这种疑问是从何处想起？

我看人类无论理性如何发展，本能是不会衰减的；假定日后依教育底

① 旧同"愤"。

成绩，理性充分发展能够抑制本能，只望这个来解决男女问题，又不知在何时代。先生持论底通病是注目在远的将来，而把现在及最近的将来急待解决之问题放下不管。

恶的自由是应该束缚的，请问先生什么东西可以禁止罪恶发生？

事实是道理底基础，俄事不过是一种有力的事实，不足以占据我们的全信仰。

最后我要忠告先生的，就是先生所说“这个社会决不是无政府主义下的社会，还须改革过！”这句话。先生能断定到了无政府主义的社会便不须改革了吗？我不相信世界上有一劳永逸的改革！

独秀

一九二〇，十一，一

答柯庆施（劳动专政）

（一）原　书

独秀先生：

我在《新青年》杂志里看见你的文章，并且从这许多文章中，看出你的主张和精神。我对于你的主张和精神，非常赞成。因为我深信中国旧有的一切制度，的确比毒蛇猛兽还要利害百倍，他①一日存在，那就是我们四万万同胞的祸害一日未除，将来受他的虐待，正不知要到什么地步。咳！可怜！可痛！

但是既到了这个地步，我们不能不同心协力，想一个法子，把这些万恶制度同时废弃，使我们得到真正的自由同真正的幸福。不过中国的青年受毒太深了，把那创造活动诸本能，虽不能说他已经消灭得干净，可是已经被他消灭去一大半。所以我们不说改造则可，一说改造，则必先设法把青年们创造活动的本能培养起来。但是究竟如何培养，还要请先生指教！

先生在《谈政治》文里，说国家、政府、法律不必废除，及由劳动者执政权的一段文章，实在说得透彻。国家、政府、法律自身本没有什么能力，何用废除！至于资本家推倒以后，确非劳动家执政权不可；不然，则资本家必然要重行发威。但是我想劳动家执政若干年，资本家都变为劳动

① “五四”以前“他”兼称男性、女性以及一切事物。［见《现代汉语词典》（第7版）］本篇下文同。

化了；而且他们的野心都已平服了，那时只要经济组织完善，则国家、政府、法律自然变成无用。所以我的意思，以为国家、政府、法律，我们现在不必想法废除他，我们现在只要设法改造经济组织，征服资本家。待这些事情都办好了，天下没有一个“吃饭不做事”的人了，那么，国家、政府、法律等等，我们不去废他，自会变成无用的。

我在这社会上，已经鬼混十八九年，所受的感触也不知多少，今天随便写了些，特求先生指教。

柯庆施上

（二）答 书

庆施先生：

现在有许多人拿“德谟克拉西”和“自由”等口头禅来反对无产的劳动阶级专政，我要问问他们的是：（一）经济制度革命以前，大多数的无产劳动者困苦不自由，是不是合于“德谟克拉西”？（二）经济制度革命以后，凡劳动的人都得着自由，有什么不合乎“德谟克拉西”？那班得不着自由底[①]财产家，为什么不去劳动？到了没有了不劳动的财产家，社会上都是无产的劳动者，还有什么专政不专政？

独秀

① 旧同“的”。

答皆平（广东—科学思想）

（一）原　书

独秀先生：

久不通信，殊念念。近来报章载广东事及先生事甚多，惟有今天《晨报》虹君通信，说先生去而复留的情形，使我非常乐观。这封信是从那无穷希望里迸出的。近来偏袒北面的报纸所说的话，我不相信；偏袒南面的报章所说的话，我也不相信。这不是从什么事实的根据而不相信，是因为我不希望他那样。北面政府是弄得不成样了：对外不能去平库，对内不能去维持教育，不说别的了。我常和几个同学们谈笑说："要是诸家报纸约好了，不代政府登那'水板写字'式的命令，北政府就算完了。"我近来看报纸，除看看什么《学灯》、《晨报》第七版、《觉悟》、《青年之友》（其实这里面除了些无谓的争论和空泛的哲学及文学，也没有真可看的），简直不要看国事——不是对于国事灰心，只觉得"五花八门""朝三暮四"，不如留点工夫看看别种时事。广东那方面，我最不希望再有什么统一中国底[①]行动——那只是白费事，结果替我们国民更堕深一层地狱。从混杂不清的所谓"统一体"，渐渐分为更完全、更有希望的小"统一体"……这是"进化"底趋势——无论那[②]种"进化"都是这样。我觉得

① 旧同"的"。本篇下文同。

② 旧同"哪"。本篇下文同。

现在实有多少热烈的人们，让“彻底”“牺牲”“奋斗”闹昏了——闹得一事无成，我只希望广东成为世界上一个模范的“新国”，到了这步以后，我们自不感困难来做别的事。在广东方面有那几个做领袖，我觉得这种Dictatorship是必要的，自不难先办到“新国”这一步——以广东的面积和人口，足够“国”底资格了。不然，我就怕外攻内讦，把一点有希望的芽以及根完全铲去，那后来的实现格外难了。只一点火在黑暗中大发其光，是易招灭熄的，但在一个能发光而有引起他物燃烧的地位时，自然是努力吐光焰，照耀一切！如孙、陈及先生等人，在广东一地却是那点有力量的火，等到广东烧得红了，别处也见着太阳是从广东来的了！

所有的运动起首于教育底运动，孙、陈二位如果是诚实的，我知道他们必定不放你走。只要有一点可留的希望，我知道先生也必定是留住的。我对于广东的形势只拿先生的行止就可料定了——并知道有许多合理头脑的人们，当也是这样想的。对于教育上，我没有什么意见可供献。不过近来易家钺、朱谦之二君——先生所指为无基本科学根柢[①]的——行事：一是犯做“呜呼苏梅”的嫌疑，一是上弥勒院出家，使我觉得那种未受“科学的西北风吹过”的所谓哲学的头脑，简直是靠不住的。他们时常拿“真理”底死敌为工具去求他们所谓的“真理”——就是以为真理是可以由“意志”求来的，忘却只有智慧才能给出普遍承认的“真理”。如是，他们常常陷在感情井里来对人接物。易君事不必提了。朱君的《近代思潮批评》我是看过的。近来出家的宣言——《自叙》和他前几年旧作《自由论》，我今天通在《青年之友》上面看过了。我很奇怪他不在他所谓批评三法——“怎样的”、“为什么”和“这能存在吗”——再加一条“有根据吗”？这一个方法不提，于是他的所谓“虚无”、所谓“自由”……通通随口出来了。让我举几个很好笑的例子：他说宇宙有始必有终，我不知道他这句话有什么根据？宇宙是怎样始的呢？宇宙又将怎样终呢？我故大

① 今作“根底”。

胆说一句，他是完全不知道的——其实谁也不知道。他又说克鲁泡特金做《互助论》，可谓能进一层了，但仍不能进而说宇宙底全统系底进化，我的眉批是："克氏没有研究过宇宙底进化，如何能拿生物底进化用到宇宙底进化呢?《互助论》是科学的，不是如玄学的先生们，玄而又玄地谈什么'真理'的。"更，他近来所说的"绝对的自由"，又说什么"不服从自然底律令"，这我通通不懂，除非朱谦之真成了《西游记》上的佛祖师，我不相信他被人用棉花塞着喉咙还能"绝对自由"地说出话来；或是提在空中，没有一点支持，能不随"落物律"，以每秒钟加速率每秒三二·二[①]英尺落下的。总而言之：我觉得哲学没有科学，就失了事实的根据；失实的话不是谣言，必是疯话。朱君的大胆，是我佩服的；但在学问上，大胆说无事实根据的话，是无意识的。这些话我不欲说的，因为朱君申明过他的议论是主观的，是不受批评的。我觉得这种议论只当躲在一室里，自己对自己说以为消遣或无不可；现在并且有许多他的朋友，竟被朋友的感情遮住了理性，在感情的幕后来大吹大擂地说他如何的了不得，初不把这"有否根据"底问题想一想，这种现象或者是学术思想界底隐忧!

连着这个我要说到现在译著界，译著界受现在所谓"新文化"底空气包着，只有些哲学书籍和社会科学书籍，我觉得没有自然科学底基础，那哲学对于学者是广漠的；没有自然科学底基础，那社会科学是很年轻无知的。丢去物质上的价值不说，自然科学将养成我们好观察底习惯，爱真实底性情，以及种种从理智生出来的信仰和精神——这通通不是什么哲学和社会科学所可及的。我觉得科学最靠得住，将来救世界人类从物质方面的或精神方面的，除了科学莫属。我不反对宗教，我不反对哲学，但我觉得宗教和哲学自以为能解释一切，所得的结果，不如站在"不可知论者"的地位里，科学所给我们的满意——这不特对于我一个，所有平常的人也觉

① 今作"32.2"。

着是这样。对于现在这些什么社，什么丛书，我觉得没有什么希望，因为他①们已被那种空气压倒。我觉得希望当从广东方面编译事业起。在译底方面，当预备多些钱专为科学书籍——这些钱当然要不了多少，只要一次大人们气按住，不打仗，不去招兵买马，就够好几年用的了。——科学书籍当然是从普通的和历史的起首。这是我的经验，我以前读了一本“New Knowledge”引起我要看“Radivactivity”②，又要看“Astronomy”，又要看“Theoretic Chemistry”，又要看……固然我在学校被功课时间限制住，不能做如我所要做的，但这足例明一本普通科学书，常可以使读者进求稍专门的书读。所以我想那边编译局只要在一年中能有几十本普遍的及历史的科学书——初看的人自然不多——就足能造成一些“科学”底空气。这空气将渐渐浓，后来看科学书的人自然就不少了。这起首的钱在几个穷学生，或几个营业的商店自然是困难万分，但在一个想为有益的政府方面，当然是不算什么事的。

这封信能在《新青年》上发表吗？并望也在那上答我。因为我觉得这是很重要的，已去三小时了！以后有暇再说罢③，知当累先生的宝贵工夫不少，恕我。

敬祝先生健康和进步。

皆平

五月二十六日

---

① “五四”以前“他”兼指男性、女性以及一切事物。[见《现代汉语词典》（第7版）]

② 原文如此。疑为“Radiovactivity”。

③ 旧同“吧”。

（二）答　书

皆平先生：

广东在政治上有责任的人都注重教育，至少也不反对教育，社会上空气稍差一点，然尚未到绝望的地步。说到科学思想，实在是一件悲观的事：我们中国人底脑子被几千年底文学哲学闹得发昏，此时简直可以说没有科学的头脑和兴趣了。平常人不用说，就是习科学的人，只是书架上放了几本科学书，书房里书桌上很少陈设着化学药品或机械工具；无论什么学校里，都是国文、外国语、历史、地理底功课占了最大部分；出版界更是不用说了。更进一步说，不但中国，合全世界说，现在只应该专门研究科学，已经不是空谈哲学的时代了；西洋自苏格拉底以至杜威、罗素，印度自邬婆尼沙陀六师以至达哥尔，中国自老聃、孔丘以至康有为、章炳麟，都是胡说乱讲，都是过去的梦话，今后我们对于学术思想的责任，只应该把人事物质一样一样地分析出不可动摇的事实来，我以为这就是科学，也可以说是哲学。若离开人事物质底分析而空谈什么形而上的哲学，想用这种玄杳的速成法来解决什么宇宙人生问题，简直是过去的迷梦，我们快醒了！试问人事物质而外，还有什么宇宙人生？听说朱谦之也颇力学，可惜头脑里为中国、印度的昏乱思想占领了，不知道用科学的方法研究人事物质底分析。他此时虽然出了家，而我敢说他出家不会长久。出家也好，在家也好，不用科学的方法从客观上潜心研究人事物质底①分析，天天用冥想的方法从主观上来解决宇宙人生问题，亦终于造谣言说梦话而已。中国、印度古来诸大冥想家，谣言造了几千年，梦话说了几千年，他们告诉我们的宇宙人生底知识，比起近百余年的科学家来真是九牛之一毛，我们快醒了。此间编译局若成立，当然要注重科学书，但这还不是提

① 旧同“的”。

倡科学的好法子，不但科学风尚未成，出书无人购阅，而书籍上的科学还是文哲学式[①]的科学，去真科学还差一点。我以为造成科学底风尚，有四件事最要紧：一是在出版界鼓吹科学思想；二是在普通学校里强迫矫正重文史轻理科底习惯；三是在高级学校里设立较高深的研究科学底机关；四是设立贩卖极普通的科学药品及工具，使人人得有研究科学之机会。这四件都是我们在广东正在要做的事。匆匆不及详答，乞恕。

独秀

一九二一，六，一

① 原文如此。

答张崧年（英、法共产党—中国改造）

（一）原　书

独秀先生：

（前略）新近伦敦有一个劳动出版公司，所出有一种通俗的小丛书，其中有一本名《共产主义》，听说很好，是保罗夫妇（Eden & Cedan Paul）（这两人很不错，很著作翻译了些书，都是英国共产党党员）所作。

留法勤工俭学生中相信马克斯①的很有，但未必是真懂得，真感着非革命不可，真肯以生命来换。许多人说马克斯主义是一种宗教，其实在最细微的地方，没有点迷信，什么事也作不成。人不可以“太”明白了。吾又感着人非到被社会逼得走投无路、非反攻不可的时候，也作不出什么事业来。法国的共产党是由旧有的社会党变成的。去年十二月，法国社会党在都尔会议提议加入第三世界工人会，即国际共产党（The Communist International），经大多数通过（共有十二万人）。于是此党名称虽仍叫“社会党”（但注为S. F. I. C.，即共产主义的世界工人会法兰西部），实际上已成共产党了。不赞成的右、中两派少数人（共五万）出党，另组一社会党，称为劳动世界工人会法兰西部（S. F. I. O.），自以为社会党正宗，彼此攻击甚烈。法国共产党因袭旧来的底子，党费甚富；机关报：日刊有五种（均直标名为共产党报，其中以L’Humanite最著名，销行最

① 今译“马克思”。本篇下文同。

广），月刊、周刊有四十余种。但虽如此，势力仍远敌不过国民总会（Bloe National，即政府党）。惟与英国共产党（此党之基本原叫不列颠社会党）比，要算好多了。英国共产党新近因译刊共产世界工人会第二次会议议决的案文，被政府搜查一空，捕去两个重要党员。在法国的出版物便自由多了。英党正式的机关报，只有一个周刊，从五月起加了一个月刊（*The Communist Review*）。此外，英文共产主义的杂志有 *The Worker's Drandnought*（周刊，Miss Pankhurst 所主持）及 *The Plebs*（月刊，Plebs League 的机关报，主张独立的劳动教育的）等算最好的。法党最重要的人物为 M. Cachin 及 Frossard。法党最引重的有三个很有名的文学家，即 Anatole France（安那・佛郎西）、Henri Borbusse（巴比斯）、Severine（塞威利娜女士）。佛郎西七十多岁了（生于一八四四），称世界生存的最大的文学家而加入此党。巴比斯唱光明（Clarte）运动，很有势力。他的光明团与其机关报《光明》（周刊一张）都是信共产主义的。英党最重要的人物为 McManus（马克马那），有人说他为英国唯一的信流血革命的。

法国的新心理学自成一派，以耶讷（Pierse Janet）为领袖，此派也因精神病的研究而成立，说与傅洛德之“心解”相近而不同。吾所以想研究心理学，一方因其对于哲学的关系，一方也因其为解决社会问题所必须。现在百人中至少有九十九个是精神病患者，人心不改造，社会自无希望。法国图书馆里英文书少的[①]厉害。世界第一的巴黎国立图书馆（Bibliotheque Nationale）里，英文新书简直不备，新杂志亦寥若晨星。法国图书馆很像中国旧日的藏书楼，陈腐得很，别的机关现在用女子很多，图书馆则无，多用些很疲倦样子的老头子。

巴黎没有别的好处，只有一个美。美之表现为雕刻、绘画与大的公共建筑物（如博物院、大学、全灵堂等；若寻常的楼房，只有与人卫生不宜，更说不到美）。吾到法后，感着欧洲一时是无望的。生于东方的人，

① 旧同“得”。

不能不仍希望东方。最好的希望是中、俄之联合。中国如能整顿好了，是同美国一样可以无须仰给于外的。吾现在最简单的所信是：本世界见地改造各个地方。不要为一地方好而改造那个地方，要为世界好而改造各个地方。就令一切地方各单独像是好了，世界全个仍可以不好；世界全个不好，各个地方其实不能好。吾觉着中国改造的程叙[①]应是：革命，开明专制（美其名曰劳农专政。以今日中国之一般知识阶级而言，代议政治、讲选举纯粹是欺人之谈。政治上事切忌客气。政治尤不可专模仿人。世界趋势固要晓得，但勉随趋势而忘了自己实况，必无好结果。能认事实是列宁一大长处），实行极端的强迫教育，以岁入之半办教育；其次重要的为改良农业，整理森林河渠，兴发工业交通，尤以旧有的工业为要。这种话在现在只算是一个梦，但与普通的梦一样，却有应了的希望。

现代西洋哲学家最懂得科学方法最能用他[②]的，要数罗素第一，杜威也知重之，便差远了。柏格森口口声声说他哲学怎样与科学有关，其实纯是欺人之谈，现在人已渐渐晓得了（新近 *New Republic* 周刊有一篇文说此，很好）。柏格森现在法国是后古派的健将，他又对于天主教要人说他的学说与天主教义相近，此很像倭铿（Eucken），是宗教思想的大代表。他两个同是西洋近代思想界的反动派（柏格森哲学可说是孔德以前的哲学，与法人重理性的心习是不相合的），中国再不可找这两个人去讲演，以中国人好空悬笼统的脑筋，岂可再经他们直觉不要解析的虚无飘渺的古老方法之薰染？（后略）

张崧年寄于巴黎

一九二一，六月，十二日

① 原文如此。依文义，今作“程序”。

② “五四”以前“他”兼指男性、女性以及一切事物。［见《现代汉语词典》（第7版）］

（二）答　书

申府先生：

不但革命事业非以生命来换不可，在这种邪恶的社会里，要想处处事事拿出良心来说实话、办实事，也都非有以生命来换的精神不可。吴稚晖先生也说过，罗素谓此时俄人列宁等行事有些宗教性，此话诚然不差，但无论什么事，若不带点宗教性，恐怕都不能成功。吴先生此话正和你的见解相同。

你说："生于东方的人，不能不仍希望东方。"我想正当的爱国心（我近来以为爱国心当分正当、不正当二种，正当的若朝鲜之抗日本、爱尔兰之抗英伦，不正当的若日本、英伦侵略政策）便是这样发生的。我因为说实话，惹了几个精神病患者大惊小怪，想不到你也看出中国改造非经过开明专制的程叙不可。其实，名称其实的开明专制不是容易的事，我现在最可恶闭起眼睛说大话的人。罗素对中国人临别赠言，开口便说中国人欠诚实，真是一针见血的逆耳忠言！关于欧洲近状，请月赐一信，在本志发表。

独秀

一九二一，七，一

答朱谦之（开明专制）

（一）原　书

独秀先生：

你主张要从政治上、教育上施行严格的干涉主义吗？你要造成一个“名称其实”的开明专制的局面吗？果然，你的人格就破产了，你已没有再向青年们说话的余地了。你是新式的段祺瑞，未来的专制魔王，我为拥护人们的自由起见，发誓与先生在真理上永不两立。特此预白。

朱谦之

（二）答　书

谦之先生：

我见了你的来信，想不笑实在忍不住，若真笑出来也未免太刻薄了。

我请问你：主张从政治上、教育上施行严格的干涉主义，主张造成一个“名称其实”的开明专制的局面，为什么便算是人格破产？这是什么一种逻辑？我们说理持论只应该指出是非真伪，为什么要顾忌到有没有向青年们说话的余地？难道你是以有无向青年们说话的余地做真理之标准吗？

你是相信虚无主义的人，又是出家归佛的人，为什么说出“在真理上永不两立”的话来?

独秀

一九二一，七，一

答何谦生（同善社）

（一）原　书

独秀先生：

近来的同善社，几乎遍国皆是了。他[1]本来是一个灵学会的化身；西洋人每谓中国难免不有第二批拳匪出现，未必不是指此而言。我近来翻阅全国的报章杂志，竟没有一篇攻击他的言论，真令人十分失望。昨在友人处谈及此事，友人告我道："今年四月间，《湘潭日报》曾载有攻击同善社之文数篇。后来同善社中的人，和该县的县知事商量，借端将该报封禁，并将该报主笔拘押数日。"我便到处去找四月份的《湘潭日报》，仅仅寻得一篇，题名"辟同善社"，将同善社里种种捣鬼的情形说得十分详确，今剪下寄上（但是同善社中还有些什么扶乩、飞鸾的功课，该文中还没有论及）。我希望先生，拿出推倒上海灵学会时的精神，做几篇得力的文章，使这班妖人不敢再行鼓吹邪说，那才是中国国民的大幸咧！

何谦生

一九二一，七，廿五

---

① "五四"以前"他"兼指男性、女性以及一切事物。［见《现代汉语词典》（第7版）］本篇下文同。

附　　辟同善社

黎明

北京大学哲学教授陈大齐先生说："科学和迷信，两不相容，迷信盛了，科学就不能发达。我们要想科学进步，要想人在社会上做一个更有幸福的人，就不能不打破这罪大恶极的迷信。这些提倡迷信的人，有的简直是有意作伪，有的还算是无意作伪。有意作伪的就是奸民，无意作伪的就是愚民。有意作伪的，我们没有执法之权，只好期其良心上之反省，不和他争辩罢了。若系出于无意的作伪，那么，我们这些略有科学知识的人，就不能不聊尽提撕警觉之责。"我今本此意旨而为此文，愿阅者诸君稍加注意。

迷信发达，科学就没有进步，这本是一定不易的道理。我们中国又是一个迷信极发达的地方。死了人因为没有觅着吉地，便把死尸停在家里。举行婚葬之事，动不动就先要择个吉日，眼看着天气晴和的日子不举行，到了所择的那天，就是刮风下雨，也只说是命里所招。一对好好的男女，说他们的八字不合，便不许他们结成夫妇。病了人，不肯问医吃药，只知道许愿求神，就是病死也无恨。这一类可笑之事，笔不胜书。这还不过是行为的方面显然易见迷信之为害。至于看见月蚀，就说是天狗吃月；看见怪胎，就说是灾异不详；看见五星联珠[①]，就说是国家的嘉瑞；看见不常有的疾病，就说是鬼神为祸。无论遇着一件什么事情，动不动就用迷信去解释；无论解释得合理与否，决不肯再详细去研究他。这样一来，科学还会有发达之一日吗？稍有知识的人，就知道迷信的罪恶，极力的[②]攻击迷信。留心社会事业的人，也时常执笔为文，说明迷信的原因，使一般人明白一切迷信的由来，不肯盲从这些提倡迷信的人的胡说。

同善社，我先时还以为是一个什么研究卫生、讲求道德的机关。后来

---

① 今作"五星连珠"。

② 当时用法，今作"地"。本篇下文同。

有人告诉我：凡属入社的，先教以静坐之法，命其日行不辍，有时还要念经膜拜，由此便可以却病延年，登仙成佛。这样说来，同善社的性质便一望而知了。既说静坐可以却病延年，为甚么静坐法的元祖——冈田寅二郎——静坐一生，不过四十多岁，便一病不起呢？就是近来许多在同善社的人，也未尝不病，也未尝不死。我们若是知道自己到了三十岁一定会死，万万不能活到三十一岁；我们便加入同善社，学习静坐之法，果然活到三十一岁没有死，那我们便可以说静坐确实是可以延年。但是我们现在知道自己三十一岁一定会死么[1]？并且不静坐的人为甚么也有长寿的？这样看来，静坐的人不死，而归功于静坐，不也大可笑吗？

提起却病一层，也不过是偶然之事。时行的医生，有许多没有一点医学的知识，他们所知道的，就只几个很普通的药方，他们也时常可以治好别人的病。并且还有许多穷困的人，他们害了病，每每不药而痊。一个人只要自己知道讲求卫生，注重体育，不时常以金钱、勋章、生殖器为念，精神自然会舒畅的，能按时作有益之运动，身体自然会强壮的（缝工、雕刻工便不能时常运动。这都是根据学理而言，不是毫无对证的）。我真不知静坐可以却病的话是从何处说起的呢？劳苦的工人，他们那[2]有静坐的机会，为甚么他们的身体又很强健？

我正写到这里，旁边一个在同善社的朋友看了，大不谓然，气愤愤的向我说道："我的相识十余人，都因有病而入同善社，一两月之后，居然有四五人日有起色，这又是一个甚么道理咧？"我当时就回答他道："一两月之久，十几个有病的人，仅仅好了四五个，这也算是入同善社之功吗？两个对手猜拳，猜到十几拳总要猜中四五次。几个人掷骰子，有个人口里叫声'双'，骰子果然掷成双，这也算是他的嘴里有神吗？世界上若毫无偶然之事，那迷信又怎么会发达呢？"他又说道："这且不管，为甚么我病

① 旧同"吗"。本篇下文同。
② 旧同"哪"。本篇下文同。

了多年，百药不愈，一入同善社便痊愈了呢？”我便拿着科学之理来作一个解答——近来各大医院不常有用催眠术的吗？不需药物，便可以治疗疾病，他无非是利用精神的治疗，使病者不忧其病，故其病得以速痊。现在有人觉得有点不快，一心以为疾病之将至，时时注意于其不快之一点，于是弄假成真，果然害病，这也是常有的事。巫觋道士们又有甚么本领，他们有时也可以治人之病。无非是病者觉得巫觋道士们真具有回天之力，确能治病；自己的精神为之一爽，于是自己的疾病也觉得从此减轻，巫觋道士们岂真能治病吗？这样看来，静坐可以却病的话，不也同是一样的可笑么！

我们生在这二十世纪，能不宝贵自己的光阴，干一点于人类有实益的事业？徒然以静坐为名，坐视一切，又何不早死之为愈？现在我们乡里，居然也有一个同善分社了，一边挂着招牌，一边还贴着官厅的告示。可怜我们乡里，贫苦的儿童百数十人，从没听见有人发愿办一所学校教养他们，使他们也知道一点国民的常识！而对于这种无稽之说，竟崇拜若是，死力的去提倡，这中国又安得不日趋贫弱呢！加之这些乡人，本具有社会上相传的迷信，牢不可破，若再加以鼓吹，他们奔走若狂，日日以讲求仙术为事，那他们还会有知道人事之一日吗?!

至于登仙成佛的话，更属荒妄奇离，他们又在那里看见了说得话的仙，走得路的佛？并且他们入社时，还要礼拜甚么菩萨，经菩萨的许可，才得认为社员，这种办法是不是提倡迷信、有意愚人？

冈田氏、因是子诸人的静坐法，有时还引证生理学、心理学诸理，虽免不了牵强附会的毛病，总还是在研究学术一条路上走，不比同善社里，入社时就要誓告天地，不能以所习之法轻易传授他人。我想，世界上的事，除开作伪之外，再有不可以告人的吗？况且同善社里，每每把君臣父子夫妇兄弟朋友几个名字挂在口头，这就叫做重五伦、讲道德，并说六经之外无奇书。我却不知他们所视为风尘中的人，倒只有四伦，而他们这些打算登仙成佛的人，反谈起五伦来了，他们的用意不也很深远吗？至于六经之中，我实在找不出一句登仙成佛的话，他们自以为拿着六经之名，就可以搪塞这些不信服者之口，不也滑稽到了极处么！

我还听说社里的人将第一层功夫练好之后，就要介绍十数以上之人为社员，不然就交纳十人以上的入社金，社里才肯教以第二层的法术。这样看来，又与骗钱何异，也配安上一个利人救世的美名吗？

我现在且把同善社诸君看作无意的盲从，故作此篇，同善社诸君或能稍加反省，不再鼓吹邪说、诱惑青年，使我们中国这点程度极幼稚的科学不为之摧残而中绝，那便是幸事了。

（二）答　书

何先生：

我在北京时就听得同善社有许多妖邪举动，后来更知道长江一带信奉邪说的大有一日千里之势，就是广东现在也不少了。主持其事的人无一不是有形无形的辫子朋友，信奉邪说的大都是政界、军界极腐败不堪的分子，劳动界、学生界信奉邪说的都极少或竟即于无。这种邪说较之灵学会野心更大，简直是白莲教、义和拳底[①]后身，且含有复辟作用，只有用刑法来裁制，那里够得上加以学理的批评。

独秀

一九二一，八，一

① 旧同“的”。

答蔡和森（马克思学说与中国无产阶级）

（一）原　书

独秀先生：

闻公主张社会主义而张东荪欢迎资本主义，两方驳论未得而见，殊以为憾。和森为极端马克思派，极端主张：

唯物史观

阶级战争

无产阶级专政

所以对于初期的社会主义，“乌托邦”的共产主义，不识时务穿着理想的绣花衣裳的无政府主义，专主经济行动的工团主义，调和劳资以延长资本政治的吉尔特社会主义，以及修正派的社会主义，一律排斥批评，不留余地。以为这些东西都是阻碍世界革命的障碍物（其说甚长，兹不能尽），而尤其深恶痛绝参杂[①]中产阶级思潮的修正派，专恃议院行动的改良派，动言特别情形、特别背影以及专恃经济变化说的投机派，以为叛逆社会党、爱国社会党都是这些东西的产物。

窃以为马克思主义的骨髓在综合革命说与进化说（Revolution et evolution）。专恃革命说则必流为感情的革命主义，专恃进化说则必流为经济的或地域的投机派主义。马克思主义所以立于不败之地者，全在综合此

① 今作“掺杂”。

两点耳。

马克思的学理由三点出发：在历史上发明他的唯物史观，在经济上发明他的资本论，在政治上发明他的阶级战争说。三者一以贯之，遂成为革命的马克思主义。社会革命完全为无产阶级的革命。现今全世界只有两个敌对的阶级存在，就是中产阶级与无产阶级。中产阶级以上没有第二阶级，无产阶级以下没有第五阶级。因为交通发达的结果，资本主义如水银泼地，无孔不入，故东方久已隶属于西方，农业国久已隶属于工业国，野蛮国久已隶属于文明国，而为其经济的或政治的殖民地。因此经济上的压迫，东方农业国野蛮国的无产阶级之所受较西方工业国文明国无产阶级之所受为尤重。因为西方工业国文明国的资本帝国主义常常可以掠夺一殖民地或势力地带以和缓他[①]本国“剩余生产”“剩余劳动”的两种恐慌，而分余润于其无产阶级（贿买工头及工联领袖，略加一般劳动者的工资，设贫民学校以及可以买工人欢心的慈善事业，使工人阶级感怀恩惠）；因此西方大工业国的无产阶级常常受其资本家的贿买笼络而不自觉，社会党、劳动党中改良主义、投机主义盛行，而与资本主义狼狈相倚，此所以社会革命不发生于资本集中、工业极盛、殖民地极富之英、美、法，而发于殖民地极少、工业落后之农业国俄罗斯也。因为俄罗斯在经济地位上久已隶属于西方工业国，而他那上古式的农业生产法又抵当[②]法（小机械农业）、美（大机械农业）机器的农业生产法不住；所以农产品一入国际市场，不能与法、美相竞，因此农民及无产阶级受国际的经济压迫便异常之大，加以大战破产，社会革命遂起。由此就可推论中国社会革命了。中国受国际资本帝国主义的经济压迫到了那[③]步田地？自身的生产方法还是三代以上的，自己不能供自己的需要，五大强的商品开始由大炮送进来，继之由本

① “五四”以前“他”兼指男性、女性以及一切事物。［见《现代汉语词典》（第7版）］本篇下文同。

② 今作“抵挡”。

③ 旧同“哪”。本篇下文同。

身的需要扯进来，这种经济侵略孰能御之？大机器生产品日日浩浩荡荡的输进来，于是三代以上的手工生产者一批一批的失其职业。现在中国失业人数到了那些田地？换言之，就是为经济压迫不能生活者的人数到了那些田地？我敢说一句：现在中国四万万人有三万万五千万不能生活了。到了这个地步，三万万五千万人惟有两条路走：

（一）流为盗贼、土匪、流氓、痞子，以至饿死、乱死、战死、争夺扰攘而死……

（二）三万万五千万人公然自行提出其生死问题于中国社会，及为中国经济的主人翁五大强之前，请其依我们的意见解决。

（如）[①] 其不能，我们恐怕免不了社会革命的运命。到了这个时候，革命之爆发乃是必然的趋势，也如自然力的雷电之爆发一样，行所必然，什么成败利钝都不会顾，什么改造的理想家、大学问家都也把持不下他。这是最大多数的生死临头问题，纵然革命的经济条件、生产条件不具足，革命后会被围困封锁而饿死，但使群众一旦觉悟与其为盗贼、土匪、流氓、痞子而饿死、乱死、争夺扰攘而死，死得不值，毋宁为革命而战死、而饿死，死得荣誉。社会革命的标准在客观的事实，而不在主观的理想，在无产阶级经济生活被压迫、被剥削的程度之深浅，及阶级觉悟的程度之深浅，而不在智识程度、道德程度之深浅。自来一般中产阶级学者或空想的社会改造家好以他个人的头脑来支配世界，视社会改造或社会革命为几个圣贤豪杰、伟人志士、思想家、学问家的掌上珠、图案画和绣花衣，任凭他们几个人的主观理想去预定，去制造，去点缀，去修饰，去和颜配色，去装腔作势，去包揽把持，去迟早其时，去上下其手，指挥群众如此如彼的做去便是，这真愚妄极了。

我敢大声唤破这种迷梦：社会革命与染有中产阶级色彩的思想家和被中产阶级学说、教育、势力薰坏的改造家全无干涉。任凭你们怎样把你们

---

① 原文缺字，今依文义补。

的理想学说绣得好看雕得好玩，总与无产阶级的生死问题不能接近，不过在资本家的花园里开得好看，在资本家的翰林院内供他的御用罢了。一旦无产阶级的生死问题迫来，有如一九一七年的俄国饥民要面包，兵士要停战，工人要工厂，农人要土地，乱七八糟爆发起来，任凭那些中产阶级学者及自命为理想的改造家，凭依军阀、财阀而结为神圣同盟，也是遏制不住的。今日中国大多数的生活问题迫到了这个田地，贤人派的力量纵大，恐怕有点遏制社会革命的自然力不住！

马克思的革命说完全立于客观的必然论之上，革命既是必然的，然而我们无产阶级的觉悟者何以要去唤醒同阶级的觉悟呢？

（一）因为我们自身既得觉已[①]苦痛之所由来（不由命运而完全由于私有财产制），便傀然不能终日。

（二）对于同阶级的人有同病相怜的同情。

（三）任其自然实现，时间延长，牺牲数量太大，无产阶级每日直接间接死于穷困者不知若干，直接间接死于战争者不知若干。若过三、五、十年再经一次世界大战，纵少又要死伤四五千万。

具此三个理由，所以我们无产阶级早已痛不堪痛（今日由段祺瑞下动员令送到这个战场上去死，明日由曹锟、张作霖下动员令送到那个战场上去死！天灾、人祸、穷困死亡，日日围着我们！）、忍不堪忍了，还论什么革命的经济条件具足不具足。

不过我们无产阶级革命，在计划上讲起来，殊有于未革命以前，做一个大大的经济变化运动之必要。这个运动怎样做呢？就是我们无产阶级社会党，亟应于各大都会组织同阶级之失业者、最下层的贫困无告者，第一步公然起来向政府论南北要求“生存权”和“劳动权”，迫令政府即向五国银团大借实业外债。第二步要求监督实业借款的用途。第三步要求产业及政治管理权。

① 原文如此。疑应为“己”字。

独秀先生！现在英、法、美、意的劳动运动刚才接近第三步，还没达到目的。我们若有识力、有决心，必可于最短时期突过欧、美的劳动运动。我以为社会运动为社会革命之起点，社会革命为社会运动之成熟，即综合 evolution et revolution 之意，如此才可立于不败之地，而不致流为鲁莽灭裂、毫无计画的感情革命主义，和审时度势、坐以待毙的投机主义。我深以上列三个具体步骤为中国社会运动、社会改造的不二法门。盖承此纷争破产之后，四五年中，资本主义必勃然而兴，与其待军阀、财阀勾结五大强来巩固资本主义于中国，不如由无产阶级先发制人，取其利而避其害。盖生产之三要素，中国具二而缺一（有劳力、原料而无资本），全国生命遂握于五大资本强国之手。若我们无产阶级不先发制人之计，则必受制于人，则必坐待资本主义之来而无可如何，则必待五大强国社会革命之后我们才能革命，那就真闷死人，真不值，真不经济了！

先生！劳动解放决不是一个地方、一个国家、一个民族的问题，乃是一个世界的社会问题，马克思社会主义乃是国际的社会主义，我们绝不要带地域的民族的色彩。中国的阶级战争，就是国际的阶级战争。说中国没有大中产阶级，阶级战争用不著的，固然是忘记了中国在国际上的经济地位，忘记了外国资本家早已为了中国无产阶级的主人；而说中国的阶级战争就是最大多数的劳动者对于本国几个可怜的资本家的战争，也同是忘了中国在国际上的经济地位，也同是忘记了外国资本家早已为了中国无产阶级的主人。故我认定中国的阶级战争乃是国际的阶级战争。中国已经兴起了的几个资本家和将兴起的资本阶级，不过为五大强国资本阶级的附属罢了。我认定全国人民除极少数的军阀、财阀、资本家以外，其余不是全无产阶级就是小中产阶级，而小中产阶级就是无产阶级的候补者。你看现在中国的中产之家，有几多能自给其生活、教养其子女而不感穷困者。故以我看来，中国完全是个无产阶级的国（大中产阶级为数极少，全无产阶级最多，半无产阶级——即中等之家——次之），中国的资本阶级就是五大强国的资本阶级（本国极少数的军阀、财阀、资本家附属于其中），中国的阶级战争就是国际的阶级战争。

独秀先生！我是极端主张无产阶级专政的。我的主张不是主观的，乃是客观的，必然的。因为阶级战争是阶级社会必然的结果，阶级专政又是阶级战争必然的结果；不过无产阶级专政与中产阶级专政有大不同的两点：

（一）中产阶级专政是永久的目的，无产阶级专政是暂时必然的手段。其目的在取消阶级。无产阶级不专政，则不能使中产阶级夷而与无产阶级为伍，同为一个权利义务平等的阶级，即不能取消阶级；不能取消阶级，世界永不能和平大同。

（二）中产阶级专政假名为“德莫克拉西”，而无产阶级专政公然叫做“狄克推多”，因此便惹起一般贱人的误会和反对。其实这是事有必至、理有固然的，任你如何反抗，历史的过程定要如此经过的。

以上拉杂写了一长篇，请先生指正，并请交换意见。和森感国内言论沉寂，有主义有系统的出版物几未之见（从前惟《星期评论》差善），至于各国社会运动的真情，尤其隔膜得很，甚想以我读书阅报之所得，做一种有系统、有主张、极鲜明强固的文化运动，意欲择定言论机关之同趣者发表之。

蔡和森

一九二一，二，十一，

在法国蒙逢尼

（二）答　书

和森先生：

我前几天回到上海才见着你的信，所以久未答覆，实在抱歉之至。来信所说的问题甚大，现在只能简单说一说我的私见。

尊论所谓“综合革命说与进化说”固然是马克思主义的骨髓，也正是有些人对于马克思主义怀疑的一个最大的要害。怀疑的地方就是：马克思一面主张人为的革命说，一面又主张唯物史观，类乎一种自然进化说，这两说不免自相矛盾。鄙意以为唯物史观是研究过去历史之经济的说明，主张革命是我们创造将来历史之最努力、最有效的方法，二者似乎有点不同。唯物史观固然含着有自然进化的意义，但是他的要义并不只此，我以为唯物史观底①要义是告诉我们：历史上一切制度底变化是随着经济制度底变化而变化的。

我们因为这个要义底指示，在创造将来的历史上得了三个教训：（一）一种经济制度要崩坏时，其他制度也必然要跟着崩坏，是不能用人力来保守的；（二）我们对于改造社会底主张，不可蔑视现社会经济的事实；（三）我们改造社会应当首先从改造经济制度入手。

在第（一）（二）教训里面，我们固然不能忘了自然进化的法则，然同时我们也不能忘了人类确有利用自然法则来征服自然的事实，所以我们在第（三）教训内可以学得创造历史之最有效、最根本的方法，即经济制度的革命。

照我这样解释，马克思主义并没有什么矛盾。若是把唯物史观看做一种挨板②的自然进化说，那末，马克思主义便成了完全机械论的哲学，不仅是对于历史之经济的说明了，先生以为如何？

此理说来甚长，我这不过是最简单的解释，很盼望赞成或反对马克思主义的人加以详细的讨论。

独秀

一九二一，八，一

---

① 旧同“的”。本篇下文同。

② 今作“呆板”。

出版后记

（一）

《独秀文存》收录了陈独秀1915年9月到1921年8月所写的部分论文、随感和公开发表的通信，约60万字，1922年由上海亚东图书馆出版，分为论文、随感录、通信三卷四册。

陈独秀（1879—1942），安徽怀宁（今安庆市）人，新文化运动的倡导者，“五四”运动的思想指导者，马克思主义的积极传播者，中国共产党重要的创始人和早期重要领导人。陈独秀的一生，与激荡的时代风云相始终，波澜壮阔，起伏跌宕。他的身上，既有职业革命家的豪迈与激情，又有传统知识分子的狷狂和不羁，这样的性格特点，塑造了他一生的悲剧气质，也注定了他一生的浮浮沉沉、不同寻常。王观泉先生说：“陈独秀一生有三大阶段：一、‘五四’运动；二、创导中国共产党并领导工作了七年；三、成为中国托派领袖。《独秀文存》是陈独秀第一阶段的论著粹编。”[①]“在陈独秀生前足以代表他政治思想、革命智谋和政治见解，以及广泛意义上的文化创见的，仅仅只有这部《独秀文存》。”[②]

《独秀文存》分为论文、随感录、通信三卷。“论文”部分文字最多，约占全书二分之一强，所收主要是陈独秀发表在《新青年》上的文章，如《青年杂志》（1916年9月1日改称《新青年》）的发刊词《敬告青年》一文，在《独秀文存》中被列为第一篇，这不仅仅因为该文发表时间最早，

---

①② 王观泉．重印本《独秀文存》序：一个人和一本书的故事[J]．鲁迅研究月刊，2001(2)．

也因它是最能充分体现陈独秀倡导新文化思想的一篇文章。在文章中，陈独秀从进化论的观点出发，热烈地宣告“青年之于社会，犹如新鲜活泼细胞之在人身。新陈代谢，陈腐朽败者无时不在天然淘汰之途，与新鲜活泼者以空间之位置及时间之生命”。他号召青年要认识到自身价值，承担起自身责任，“奋其智能，力排陈腐朽败者以去”。那么，什么是“新鲜活泼”而不是“陈腐朽败”呢？陈独秀提出了六项标准（六义），即“自主的不是奴隶的，进步的不是保守的，进取的不是退隐的，世界的不是锁国的，实利的不是虚文的，科学的不是想象的”。可以说，贯穿于这六项标准之中的，是民主与科学的精神，因此该文也可被视为新文化运动兴起的宣言。除《敬告青年》外，“论文”部分还收录了《文学革命论》《驳康有为〈共和评议〉》《偶像破坏论》《宪法与孔教》《〈每周评论〉发刊词》等一系列重要文章，这些文章充分体现出陈独秀时政论文的风格。他一支健笔，拨动时代风云，论人论事鞭辟入里，文字纵横捭阖，汪洋恣肆。与他直率、激烈的性格一样，他的文章不绕弯子，直来直去，没有丝毫的含混模糊。

“随感录”为针对性很强的杂感，短小精悍，多则百余字，少则数十字。陈独秀可算是“随感”的开创者，1918 年 4 月 15 日，陈独秀的三篇随感发表在《新青年》上。此后，在《新青年》和《每周评论》上，陈独秀发表了大量的随感，《独秀文存》中收录的 160 篇随感即来源于上述两本杂志。陈平原先生认为，“随感录”是一种“兼及政治与文学、痛快淋漓、寸铁杀人的文体”，“不仅仅为作家赢得了一个自由发挥的专栏/文体，更凸显了‘五四’新文化人的一贯追求——政治表述的文学化。”①这些“寸铁”（即子弹）般尖锐有力的杂感直指当时的现实问题，射向军阀、政客、官僚、遗老遗少等，一针见血，痛快淋漓。鲁迅在 1921 年致

① 陈平原.“妙手”如何“著文章”——为《新青年》创刊九十周年而作[J].同舟共进，2005(5).

信周作人时，对陈独秀“随感”的风格做了一个评价：“惟独秀随感究竟爽快耳 。”[①] “爽快”，这可算是对陈独秀“随感”风格最精要传神的概括。

“通信”是《独秀文存》中的重要部分，最能直接反映陈独秀的思想，所收录的信件主要是他主创《新青年》时期读者的来信以及他对这些来信的公开作答。既为公开作答，除了回复读者疑问甚至是问难外，陈独秀更是要借助给读者回信这一机会，表明自己对当时的政治、思想、文化领域各种趋势和问题的看法，用意在于将问题的讨论引向深入。“通信”部分的来信者，有教授、学者，也有青年学生；有陈独秀的思想同道，也有文化保守主义者和他的论敌。针对来信的内容，陈独秀或赞同，或驳斥，或辨析，或反诘，不少回信文字不多，只寥寥数百字，却有泰山压顶之势，迅疾就将对手“打翻在地”。他善于抓住对手的漏洞，以子之矛攻子之盾，回击犀利，直指要害，丝毫不留情面，绝不拖泥带水，笔锋所指，万人披靡。这些当年支撑起《新青年》的“通信”，被陈平原先生称为“神品”[②]。自然，《独秀文存》中的这些“通信”，是最能体现陈独秀论战文字风格，也最能体现他作为一个文化斗士个性的文字。

陈独秀在《独秀文存·自序》中说过：“我这几十篇文章，不但不是文学的作品，而且没有什么系统的论证，不过直述我的种种直觉罢了；但都是我的直觉，把我自己心里要说的话痛痛快快的说将出来，不曾剿袭人家的说话，也没有无病而呻的说话。”不做无病呻吟，把自己的思想痛痛快快地说出来，正是《独秀文存》展现出的风格和魅力。也正因为“直述直觉”，尽吐胸臆，这些文章才真实可爱，才能时隔近百年后，仍然能让我们触摸到当时时代的脉动，感受到当年字纸上的温度。蔡元培先生在为该书第九版所做的序言中说：“这部《文存》所存的，都是陈君在《新青

① 转引自范文静.《独秀文存》的文学史意义研究[D]. 昆明：云南师范大学，2016.

② 陈平原.“妙手”如何“著文章”——为《新青年》创刊九十周年而作[J]. 同舟共进，2005(5).

年》上发表过的文章，大抵取推翻旧习惯、创造新生命的态度，而文章廉悍，足药拖沓、含糊等病；即到今日，仍没有失掉青年模范的资格。”其实又何止是青年，今天的读者，无论少长，再次阅读该书，相信都能从中获益。

（二）

《独秀文存》1922 年 8 月由上海亚东图书馆出版，首印 3 000 部，不及一月即销售一空。同年再版，再印 3 000 册，亦很快告罄。1922—1926 年，该书共印刷了 8 次，累计印数高达 29 000 部。

1932 年，陈独秀在上海公共租界被捕，后被押往南京待审，在与前往狱中探望的亚东图书馆汪原放见面时，陈独秀对当年出版的《独秀文存》仍念念不忘，他说：“我欠亚东的钱实在不少了，心里很难过，你可以把《独秀文存》重印出来，让我快快拿版税把亚东的账结清才好。”于是 1933 年 10 月，亚东图书馆再次印刷了 1 000 册《独秀文存》（第九次印刷）。因销路不错，1934 年 3 月，又第十次印了 4 000 册。第九次和第十次印刷，与之前的八次印刷所用的是同一纸型，因此文字上并无差别。只是从第九次印刷起，为声援身陷囹圄的陈独秀，国民党元老、曾经的北京大学校长蔡元培为《独秀文存》亲自写了序言，这也成为九印、十印与之前版本最大的区别。至此，《独秀文存》总计印刷了十次，三万多部。

中华人民共和国成立后，由于特殊的历史原因，1952 年，亚东图书馆被查封，《独秀文存》也不再刊印。直到 30 多年后的 20 世纪 80 年代，国内才有出版社重新印刷出版《独秀文存》。20 世纪 80 年代后国内出版的《独秀文存》主要有三种：一是安徽人民出版社 1986 年出版的简体横排版。因出版年代距今天已较久远，市面上已经很难见到该版本。二是贵州教育出版社 2005 年 4 月出版的《〈独秀文存〉选》，简体横排。该书为《独秀文存》的选编本，未能反映《独秀文存》的全貌。三是 2013 年 8 月外文出版社出版的《独秀文存》影印版，繁体竖排。该版本以 1933 年上海亚东图书馆第九版为底本影印，保留了原书风貌，但因是繁体竖排，且使用的标点符号也与现行标点符号用法不同，对于现代读者来说，阅读上较为不便。

（三）

鉴于以上情况，首都经济贸易大学出版社决定以 1933 年亚东图书馆《独秀文存》第九版为底本，同时参考其他版本，出版《独秀文存》简体横排版。

我们的版本具有以下一些主要特点：

第一，简体横排，依照现今标点符号用法对原版本重新加以标点，以方便现代读者阅读和相关研究者参考使用。

第二，改变原书分册方式，重新分为四册。《独秀文存》原书分为论文、随感录、通信三卷，其中第二卷“随感录”字数较少，不及 10 万字。原书将三卷分为四册：第一、第二册和第三册一部分为第一卷“论文”部分，第三册后一部分为第二卷“随感录”，第四册为第三卷“通信”。这样分册，虽然使四册的页数大体相当，但将第一卷分到了三册中，与第二卷混排在一册，给读者阅读造成不便。因此，我们此次采取了新的分册方式，即：将第一卷“论文”分成第一册、第二册（称为《论文上》《论文下》）；第二卷“随感录”自成一册，为第三册；第三卷“通信”仍在第四册。这样分册，虽使第三册页码较少，但读者选择不同卷目阅读时更为方便。

第三，为体现原亚东图书馆版本的价值，本次简体横排出版时，基本仅做繁体字简化工作，对原版中的文字绝大多数情况下不做改动。

具体来说，针对不同情况所做的相应处理如下：

1. 对于原书中明显的错字、错误（如缺字，或根据上下文义判断为明显的错误），在正文中加以修改，并在页下注中加以说明。如：原书中“相形见拙”一词，疑有误，依上下文意思改为“相形见绌”；原书中人名有“吴稚辉”，当误，改为“吴稚晖”；原书中“黑越越”一词，当误，改为“黑魆魆”；等等。

2. 对于除人名之外的异体字，按照现代汉语用字规范要求，直接在正文中加以修改，不再注释说明。对于人名中出现的异体字，则保留原字，如“常乃悳”。

3. 原书中某些字、词的用法或意思与今天有较明显不同，为避免读者理解上产生疑义，正文中不做修改，以页下注的方式加以说明。如，“削灭”、“植产”、“唱道”（同今“倡导”义）、“销沉”、“刺戟”、“妨止”、“炭素”、“取销”、“辨驳”、“根深底固”、“骈丽”、“公同”、“联续”、“真象”，等等。

4. 对于原书中其他一些字词的用法，我们主要以《现代汉语词典》（第七版）（以下简称《现汉》）为依据，同时参考《辞海》《古代汉语词典》等辞书，区别情况后加以不同的处理。

第一种情况，诸如原书中的“想像”一类词，按照《现汉》，推荐用词为“想象”，在“想象”词条解释后附有说明：“也作想像。”对于此种情况，考虑到原书用词在《现汉》中仍有收录，且不影响现代读者理解和阅读，我们对原书用字、用词不做修改，也不再在页下注释说明。原书中涉及此类情况的字词有：“想像”“惟一”“展转”“摹仿”“骨董”“无需”“著手”“左证”“详实”“那末”“澈底”“颁白”“人材”“飘渺”“传钞”“牵就”“原由”“磨练”“孳生”“身分”“屈伏”，以及“卒”（同“猝”）、“甚”（同“什”）、“希”（同“稀”）、薰（同“熏”）；等等。

第二种情况，原书中一些字词，《现汉》中明确标注为“旧同”“古同”“书同”等情况，我们不做改动，在页下注中加以说明。比如，当时用法中“那”“哪”是可以通用的，对于原书中“那”表示今天“哪”这个意思时，《现汉》中的说明为“旧同哪”。因此，我们在正文中保留原版文字，以页下注形式加以说明。涉及此类情况的字有：“那”（旧同“哪”）、狠（旧同“很”）、大（旧同“太”）、钞（旧同“抄”）、“畔”（古同“叛”）、“罢”（古同“疲”）、“叙”（书同“序”）、“谭”（书同“谈”），等等。

第三种情况，对于原书中“他”字既指代男性，也指代女性和其他事物的情况，《现汉》中有明确说明，为此，我们对原书中“他”字的用法不做修改，仅在页下注中加以说明。

5. 对于译名，除对极个别人名、地名当时与现今译法不同的情况做了改动并说明外，均保留原书中的译名，不做修改和说明。

6. 对于原书中所引古代典籍的文字，与今通行本不同的，不在正文中加以改动的，以页下注的形式加以说明；凡在正文中依今通行本做了调整的，均以页下注说明改动的情况。

总之，我们希望通过这样的方式，既最大限度地保持原版文字的原汁原味和版本价值，也尽最大努力避免歧义，给当今读者的阅读提供方便。

《独秀文字》洋洋六十余万言，从第一篇文章《敬告青年》（写于1915年9月）算起，到所收录的最后一篇文章《答蔡和森（马克思学说与中国无产阶级）》（写于1921年8月），前后共七年，跨越了新文化运动勃兴和五四运动的整个时期。七年中，陈独秀面对不同的社会问题，发表不同的议论，同时，他的思想也随着时代的变迁和发展日臻成熟。《独秀文存》的出版者、亚东图书馆的汪原放在后来的回忆中说：“《文存》里的文章，多数是关于民主与科学的，但后来已经有一些倾向于社会主义的了。”此话颇有见地。《独秀文存》反映的，正是陈独秀从激进的民主主义者演变为马克思主义者的过程。《独秀文存》所记录下的，不仅仅是陈独秀在这一时期的思想变化和心路历程，更主要反映了中国共产党成立前的思想准备过程，因而具有非常重大的思想和理论研究价值。希望通过我们这次对《独秀文存》的整理出版，为国内外陈独秀研究工作提供有价值的参考文献，对推动陈独秀研究工作的进一步深入有所帮助，有所裨益。

出版者
2017 年 11 月